TEXTE ÉPIGRAPHIQUE.

E

```
                              ΦΙΔΡ.ΛΙΟΣΕΙΠΕΝΑΓΑΘΗΙΤΥΧΗΙΤΟ
                        ΤΑΠΕΡΙΤΗΝΗΤΙΩΝΕΙΑΝΚΑΙΤΟΝΑΛΛϹ
                      ΕΚΑΙΤΑΕΛΛΟΙΠΑΤΩΝΛΙΟΙΝΩΝΤΕΙΧΩΝΜ
 5                  ΙΣΚΕΥΑΣΘΩΣΙΝΕΠΙΣΚΕΥΑΙΗΤΑΙΔΕΚΑΙΤΑ
                    ΔΕΔΟΧΘΑΙΤΟΙΣΝΟΜΟΘΕΤΑΙΣΤΟΥΣΜΕΝΑΡΧ
                   ΦΑΣΣΥΓΓΡΑΨΑΝΤΑΣΚΑΘΕΚΑΣΤΟΝΤΩΝΕΡΓΩΝ
                    ΕΙΣΚΑΙΤΟΓΓΡΑΜΜΑΤΕΑΠΑΡΑΛΑΒΟΝΤΑΣΕΚΤ
                    ΑΝΑΥΤΟΚΑΘΑΥΤΟΠΕΡΙΤΟΥΤΩΝΤΗΝΔΕΒΟΥΛΗΝ
10                  ΙΑΣΔΑΝΧΕΙΡΟΤΟΝΗΣΕΙΗΒΟΥΛΗΚΑΤΑΤΑΥΤΑ
                      ΤΑΛΑΝΤΩΝΕΡΓΑΣΥΝΤΩΙΕΠΙΦΥΛΗΝΔΙΔΟΜΕ
                     ΜΗΘΗΙΤΑΤΕΙΧΗΟΠΩΣΔΑΝΚΑΙΧΡΗΜΑΤΑΕΙΣ
                      ΕΝΙΑΥΤΟΝΕΚΑΣΤΟΝΕΚΤΟΥΠΡΟΤΕΡΟΥΝΟΜΟΕΠ
                      ΝΤΟΥΔΙΑΜΕΣΟΥΧΩΜΑΤΟΣΑΡΞΑΜΕΝΟΝΑΠΟΤΟΥ
15                  ΚΑΙΜΗΑΝΗΛΩΤΑΙΕΙΣΤΑΤΕΙΧΗΥΠΑΡΧΕΙΝΔΕΚΑ
                    ΚΟΝΤΑΡΧΟΥΣΕΠΕΙΔΗΟΥΓΙΓΝΕΤΑΙΗΑΙΡΕΣΙΣΑ
                    ΑΣΥΠΗΡΕΣΙΑΣΠΑΡΑΤΟΕΣΣΑΜΩΙΕΚΤΟΥΕΝΙΑΥ
                    ΔΑΝΕΙΣΘΕΝΤΟΣΕΚΤΩΝΤΕΙΧΟΠΟΙΙΚΩΝΤΑΛΑΝΤϹ
                    ΕΛΛΕΙΠΗΙΕΙΣΤΑΔΕΚΑΤΑΛΑΝΤΑΜΕΡΙΞΕΙΝΤΟΥ
20                  ΕΙΣΦΕΡΕΙΝΔΕΚΑΙΤΟΥΣΜΕΤΟΙΚΟΥΣΤΟΕΚΤΟΝΜΕ
                    ΑΥΠΑΡΧΟΝΤΑΧΡΗΜΑΤΑΕΝΤΩΙΔΕΤΩΙΝΟΜΩΙΤΕΙΧ
                    ΝΕΠΙΤΗΣΠΕΜΠΤΗΣΤΗΝΔΕΤΡΙΤΗΝΕΠΙΤΗΣΕΝΑΤΗΣ
                    ΜΕΛΕΙΑΝΤΩΝΤΕΙΧΩΝΚΑΙΤΟΝΑΝΤΙΓΡΑΦΕΑΤΑΑΝΑ
                    ΝΑΤΗΣΠΡΥΤΑΝΕΙΑΣΠΡΟΤΗΣΚΑΤΑΒΟΛΗΣΟΠΩΣΔΑΝΤ
25                  ΓΙΣΜΕΝΩΝΤΩΓΧΡΗΜΑΤΩΝΕΙΔΟΤΕΣΚΑΤΑΒΑΛΛΩΣΙΝϹ
                    ΜΙΑΣΚΑΙΤΟΥΣΕΠΙΜΕΛΗΤΑΣΤΩΜΜΕΤΟΙΚΙΚΩΝΣΥΜΜΟΡΙΓ
                    ΨΣΚΑΤΑΒΟΛΗΣΤΩΓΧΡΗΜΑΤΩΝΜΙΑΝΗΜΕΡΑΝΠΕΡΙΤΟΥΛΟΓΙΣΝ
                    ΕΝΗΤΑΙΗΟΦΕΙΛΕΙΝΕΚΑΣΤΟΝΤΩΜΠΡΟΕΔΡΩΝΕΚΑΤΟΝΔΡΑΧΜΑΣ
                    ΡΑΣΕΞΑΘΗΝΑΙΩΝΑΠΑΝΤΩΝΟΙΤΙΝΕΣΕΠΙΜΕΛΗΣΟΝΤΑΙΤΩΝΕΡΓΩΝ
30                  ΣΑΝΕΞΕΡΓΑΖΩΝΤΑΙΟΙΜΙΣΘΩΣΑΜΕΝΟΙΚΑΤΑΤΟΝΕΝΙΑΥΤΟΝΕΚΑΣ
                    ΑΤΕΡΩΙΑΥΤΩΝΤΡΕΙΣΟΒΟΛΟΥΣΤΗΣΗΜΕΡΑΣΕΚΤΩΝΤΕΙΧΟΠΟΙΙΚΩΝΤΟΥ
                    ΣΗΙΡΗΜΕΝΟΙΣΕΠΙΤΑΤΕΙΧΗΗΓΕΜΟΝΙΑΝΔΙΚΑΣΤΗΡΙΟΥΟΤΑΙΙΠΑΡΑΙ
                    ΗΕΞΕΡΓΑΖΩΝΤΑΙΕΙΝΑΙΚΑΤΑΥΤΩΝΤΑΣΑΥΤΑΣΤΙΜΩΡΙΑΣΚΑΘΑΠΕΡΓΕΙ
                    ΥΣΜΕΤΑΤΩΝΤΕΙΧΟΠΟΙΩΝΚΑΙΤΩΝΤΑΜΙΩΝΚΑΙΤΩΜΜΑΚΡΩΝΤΕΙΧΩΝΚΑΙ
35                  ΑΙΩΝΤΑΙΤΑΕΡΓΑΚΑΙΕΙΤΙΝΕΣΤΩΜΜΙΣΘΩΣΑΜΕΝΩΝΗΕΓΓΥΗΣΑΜΕΝΩΝ
                    ΤΟΥΤΟΥΣΕΙΣΤΟΔΙΚΑΣΤΗΡΙΟΝΤΗΝΔΕΒΟΥΛΗΝΤΗΝΑΕΙΒΟΥΛΕΥΟΥΣΑΝΙ
                    ΝΜΙΑΝΗΜΕΡΑΝΤΗΣΠΡΥΤΑΝΕΙΑΣΕΚΑΣΤΗΣΒΟΥΛΗΣΕΔΡΑΝΠΕΡΙΤΩΝΤΕΙΧ
                    ΟΥΣΗΙΡΗΜΕΝΟΥΣΚΑΙΤΟΥΣΤΑΜΙΑΣΤΗΣΘΕΟΚΑΙΤΟΥΣΤΕΙΧΟΠΟΙΟΥΣΟΤΑ
                    ΓΩΝΑΙΔΟΝΑΙΕΙΣΑΝΑΘΗΜΑΤΗΙΜΕΝΒΟΥΛΗΙΠΕΝΤΑΚΟΣΙΑΣΔΡΑΧΜΑΣΤΟΙΣΔ
40                  ΑΣΕΚΤΩΝΤΕΙΧΟΠΟΙΙΚΩΝΧΡΗΜΑΤΩΝΟΠΩΣΔΑΝΚΑΙΟΙΛΙΜΕΝΕΣΚΛΕΙΩΝΤΑ
                    ΡΑΤΗΣΠΟΛΕΩΣΜΙΣΘΟΦΟΡΟΥΝΤΑΣΚΑΙΑΛΛΟΝΤΟΜΒΟΥΛΟΜΕΝΟΝΣΥΓΓΡΑΦ
                    ΗΙΤΩΝΣΥΓΓΡΑΦΩΝΧΕΙΡΟΤΟΝΗΣΑΙΚΑΘΑΣΤΙΝΑΣΑΝΔΟΚΗΙΑΥΤΗΙΕΓΔΙΔΟ
                    ΠΙΤΗΝΕΠΙΜΕΛΕΙΑΝΤΩΝΤΕΙΧΩΝΕΠΙΜΕΛΕΙΣΘΑΙΚΑΙΤΟΥΤΩΝΤΩΝΕΡΓΩΝΟ
                    ΤΗΣΠΟΛΕΩΣΤΟΔΕΑΡΓΥΡΙΟΝΕΙΝΑΙΕΙΣΤΑΥΤΑΕΚΤΩΝΧΡΗΜΑΤΩΝΤΩΝΤΕΙ
45                  ΡΟΤΟΝΗΜΕΝΩΝΥΠΟΤΟΥΔΗΜΟΤΟΙΣΜΙΣΘΩΣΑΜΕΝΟΙΣΤΑΕΡΓΑΛΑΜΒΑΝΟΝ
                    ΜΟΣΤΙΜΩΝΙΔΟΑΛΛΑΙΕΥΣΦΙΛΟΔΗΜΟΣΑΥΤΟΚΛΕΟΥΣΕΡΟΙΑΔΗΣΔΙΟΔΩΡΟΣ
                    ΓΓΡΑΦΑΙΤΟΥΤΕΙΧΟΥΣΤΟΥΜΟΝΙΧ   ΟΙΩΝΤΑΜΕΤΩΠΑΤΩΝΚΑΙΜΑΚΤΗΡΩ
```

EXTRAIT DU *JOURNAL DES SAVANTS*. — Avril et Mai 1902.

L'inscription ci-contre, que M. Dragatsis a publiée dans le *Journal archéologique d'Athènes*, a été trouvée à l'ouest de l'ancien théâtre de Munychie, sur la ligne du mur qui entourait la colline et à l'entrée d'une carrière, exploitée dans l'antiquité [1]. J'ai reproduit la copie épigraphique de M. Dragatsis, après l'avoir collationnée sur un estampage que je dois à l'obligeance de M. Cavvadias, Éphore général des Antiquités, Correspondant de l'Institut.

1. $[\Theta]\epsilon[οί]$

2. Δημήτριος Εὐκτήμονος Ἀ]φιδ[να]ῖος εἶπεν · ἀγαθῆι τύχηι το[ῦ δήμου τοῦ Ἀθηναίων, ἐπειδὴ ἐψηφίσατο ὁ δῆμο-

3. ς νομοθετεῖν εἰς τὰ ἔργα] τὰ περὶ τὴν Ἠτιώνειαν καὶ τὸν ἄλλο[ν Πειραιέα, ὅπως
ἂν ἐξεργασθῆι τὰ τείχη καὶ

4. αἱ τάφροι, διορθωθῆι δ]ὲ καὶ τὰ ἔλλοιπα τῶν λιθίνων τειχῶν Μ[ουνυχίασιν, κλεί-
ωνται δὲ καὶ οἱ λιμένες ἀσφ-

5. αλῶς καὶ οἱ νεώσοικοι ἐπ]ισκευασθῶσιν, ἐπισκευάζηται δὲ καὶ τὰ | μακρὰ τείχη..
. . . .

6. . . . . δεδόχθαι τοῖς νομοθέταις τοὺς μὲν ἀρχ[ιτέκτονας οἵτινες
τὸ νῦν μισθοφοροῦσι παρὰ

7. τῆς πόλεως συγγρα]φὰς συγγράψαντας καθ' ἕκασἸον τῶν ἔργων [παραδιδόναι τοῖς
πρυτάνεσι καὶ τῶι γραμμα-

8. τε τοὺς δὲ πρυτάν]εις καὶ τὸγ γραμματέα παραλαβόντας ἐκτ[ιθέναι ἐν τῶι βου-
λευτηρίωι καὶ προγ-

9. ράφειν χειροτονί]αν, αὐτὸ καθ' αὑτό, περὶ τούτων · τὴν δὲ βουλὴν [διαχειροτο-
νεῖν καθ' ὁποίας δοκεῖ γίγνεσ-

10. θαι τὰ ἔργα · καθ' ὁπο]ίας δ' ἂν χειροτονήσει ἡ βουλή, κατὰ ταύτα[ς ἀπομισθοῦν
τοὺς πωλητὰς ἐναντίον τῶν πρ-

11. υτάνεων μέχρι δέκα] ταλάντων ἔργα σὺν τῶι ἐπὶ φυλὴν διδομέ[νωι, ποιεῖν δὲ τὸ
μίσθωμα διελόντας εἰς πλει-

[1] Ἐφημερὶς ἀρχαιολογική, 1900, p. 91. Cf. Πρακτικὰ τῆς ἐν Ἀθήναις ἀρχαιολογικῆς ἑταιρείας τοῦ ἔτους 1900, p. 36.

M. P. Foucart.

12. ω ἔτη ἕως ἂν οἰκοδο]μηθῆι τὰ τείχη. Ὅπως δ' ἂν καὶ χρήματα εἰς τὰ [ἔργα πορί-
σηται, τὰ δέκα τάλαντα τὰ νῦν εἰσ-

13. φερόμενα κατὰ τὸν] ἐνιαυτὸν ἕκασῖον ἐκ τοῦ προτέρου νόμο(υ) ἐπ[ιφέρειν εἰς τὰ
τείχη · τὸν δὲ μισθωσάμενον

14. τὸ ἐλλιπὲς πληροῦ]ν τοῦ διαμέσου χώματος, ἀρξάμενον ἀπὸ τοῦ [σημείου, χρώ-
μενον τῆι λατύπηι ὅση περίεσ-

15. τιν ἀπὸ τῆς τομῆς] καὶ μὴ ἀνήλωται εἰς τὰ τείχη. Ὑπάρχειν δὲ κα[ὶ . . . .

16. . . . . πεντη]κοντάρχους, ἐπειδὴ οὐ γίγνεται ἡ αἵρεσις α . . . .

17. . . . . τὰς ὑπηρεσίας παρὰ το(ῦ) ἐς Σάμωι ἐκ τοῦ ἐνιαυ . . . .

18. . . . . δανεισθέντος ἐκ τῶν τειχοποιικῶν ταλάντ[ου . . . .

19. . . . . .Ὅ τι δ' ἂν] ἐλλείπηι εἰς τὰ δέκα τάλαντα, μερίζειν τοὺ[ς ἀποδέκτας.
Εἰσφέρειν μὲν τοὺς Ἀθηναίο-

20. υς κατὰ τὸ τίμημα], εἰσφέρειν δὲ καὶ τοὺς μετοίκους τὸ ἕκτον μέ[ρος · καταβάλ-
λειν δὲ αὐτοὺς τὴν μὲν πρώτη-

21. ν καταβολὴν εἰς] τὰ ὑπάρχοντα χρήματα ἐν τῶιδε τῶι νόμωι τειχ[οποιικὰ εὐθὺς
ἐπὶ τῆς πρώτης πρυτανεία-

22. ς, τὴν δὲ δευτέρα]ν ἐπὶ τῆς πέμπῖης, τὴν δὲ τρίτην ἐπὶ τῆς ἐνάτης — [Καθ'
ἑαυτοὺς δ' ἀναγράφεσθαι τοὺς ἡιρημέ-

23. νους ἐπὶ τὴν ἐπι]μέλειαν τῶν τειχῶν καὶ τὸν ἀντιγραφέα τὰ ἀνα[λισκόμενα καὶ
τὰ περιόντα, φέρειν δὲ τοὺς

24. λόγους ἐπὶ τῆς ἐ]νάτης πρυτανείας πρὸ τῆς καταβολῆς. — Ὅπως δ' ἂν τ[ὸ πλή-
ρωμα τῶν πρότερον γενομένων κατα-

25. βολῶν, ἤδη λελο]γισμένων τῶγ χρημάτων, εἰδότες καταβάλλωσιν [οἱ μέτοικοι,
προσάγειν εἰς τὸ βουλευτήρ-

26. ιον τοὺς τα]μίας καὶ τοὺς ἐπιμελητὰς τῶμ μετοικικῶν συμμορι[ῶν · τοὺς δὲ πρυ-
τάνεις συνάγειν βουλῆς ἕδρ-

27. αν πρὸ τ]ῆς καταβολῆς τῶγ χρημάτων μίαν ἡμέραν περὶ τοῦ λογισμ[οῦ · χρηματίζειν δ' ἐπάναγκες ὅταν αὐτὴ ἡ

28. ἕδρα γ]ένηται ἢ ὀφείλειν ἕκασῖον τῶμ προέδρων ἑκατὸν δραχμὰς [ἱερὰς τῆι Θεῶι.
— Ἑλέσθαι δὲ τὸν δῆμον δύο

29. ἄνδ]ρας ἐξ Ἀθηναίων ἁπάντων, οἵτινες ἐπιμελήσονται τῶν ἔργων [μετὰ τοῦ ἀρχι-
τέκτονος ὄντιν' ἂν ἕλωνται,

30. ὅπω]ς ἂν ἐξεργάζωνται οἱ μισθωσάμενοι κατὰ τὸν ἐνιαυτὸν ἕκασ[ῖον ἃ ἂν μισθώ-
σηται ἕκασῖος · διδόναι δὲ

31. ἐκ]ατέρωι αὐτῶν τρεῖς ὀβολοὺς τῆς ἡμέρας ἐκ τῶν τειχοποιικῶν τού[ς ἀεὶ ταμιεύ-
οντας τῆς Θεο(ῦ) · ὑπάρχειν δὲ το-

32. ὶ]ς ἡιρημένοις ἐπὶ τὰ τείχη ἡγεμονίαν δικασῖηρίου ὅταμ παρὰ [τὰς συγγραφὰς
τι ποιῶσι · ἐὰν δέ τινες τὰ ἔργα μ-

33. ὴ ἐξεργάζωνται, εἶναι κατ' αὐτῶν τὰς αὐτὰς τιμωρίας καθάπερ περ[ὶ φυλακῆς τῆς
χώρας · ἐπιμελεῖσθαι δ' αὐτο-

34. ὺς μετὰ τῶν τειχοποιῶν καὶ τῶν ταμιῶν καὶ τῶμ μακρῶν τειχῶν καὶ [τῶμ
Μουνυχίασι, ὅπως ἂν ὡς τάχισῖα ἐξερ-

35. γάζωνται τὰ ἔργα καὶ, εἴ τινες τῶμ μισθωσαμένων ἢ τῶν ἐγγυησαμένων ἀ[πει-
θοῦσιν ταῖς συγγραφαῖς, εἰσάγει-

36. ν] τούτους εἰς τὸ δικασῖήριον. — Τὴν δὲ βουλὴν τὴν ἀεὶ βουλεύουσαν [προσῖάτ-
τειν τοῖς πρυτάνεσι συνάγει-

37. ν μίαν ἡμέραν τῆς πρυτανείας ἑκάσ7ης βουλῆς ἕδραν περὶ τῶν τειχ|οποιικῶν
    χρημάτων, παρεῖναι δὲ καὶ τ-

38. οὺς ἡιρημένους καὶ τοὺς ταμίας τῆς Θεο(ῦ) καὶ τοὺς τειχοποιούς. — Ὅτα|ν δὲ
    δοκιμασθῆι ἕκασ7ον τούτων τῶν ἔρ-

39. γων, διδόναι εἰς ἀνάθημα τῆι μὲν βουλῆι πεντακοσίας δραχμὰς, τοῖς δ|ὲ ἡιρη-
    μένοις εἰς θυσίαν ἑκατὸν δραχμ-

40. ὰς ἐκ τῶν τειχοποιικῶν χρημάτων. — Ὅπως δ' ἂν καὶ οἱ λιμένες κλείωντα|ι
    βεβαίως, τοὺς ἀρχιτέκτονας τοὺς πα-

41. ρὰ τῆς πόλεως μισθοφοροῦντας καὶ ἄλλον τὸμ βουλόμενον συγγραφὰ|ς συγγρά-
    ψαντας ἐπιδεῖξαι τῆι βουλ-

42. ῆι, τῶν συγγραφῶν χειροτονῆσαι καθ' ἅσ7ινας ἂν δοκῆι αὐτῆι ἐγδιδό|ναι ταῦτα τά
    ἔργα· τοὺς δ' ἡιρημένους ἐ-

43. πὶ τὴν ἐπιμέλειαν τῶν τειχῶν ἐπιμελεῖσθαι καὶ τούτων τῶν ἔργων, ὅ|πως ἄν
    ἀσφαλεσ7άτη ὑπάρχηι ἡ φυλακ-

44. ὴ] τῆς πόλεως. — Τὸ δὲ ἀργύριον εἶναι εἰς ταῦτα ἐκ τῶν χρημάτων τῶν τει[χο-
    ποιικῶν, τῶν ἐπιμελητῶν τῶν κεχε-

45. ι]ροτονημένων ὑπὸ τοῦ δήμο(υ) τοῖς μισθωσαμένοις τὰ ἔργα λαμβανόν|των τὰ
    χρήματα. Οἷδε ἡιρέθησαν· Διότ-?

46. ι]μος Τιμωνίδο(υ) Ἀλαιεύς, Φιλόδημος Αὐτοκλέους Ἐροιάδης, Διόδωρος[. . . . . . .
    . . . . ἀρχιτέκτων.

TRADUCTION.

Un tel du dème d'Aphidna a fait la proposition suivante : Ce qu'à bonne fortune
soit pour le peuple athénien, attendu que l'assemblée a décrété qu'il serait fait une
loi pour les travaux d'Étioneia et du reste du Pirée, afin qu'on achève les murailles
et les fossés, que l'on corrige les parties défectueuses des murs en pierres à Munychie, que l'on assure la fermeture des ports, que l'on mette en état les loges de
vaisseaux, que l'on mette également en état les Longs Murs..... Les nomothètes
décident : les architectes qui reçoivent actuellement un salaire de l'État dresseront,
pour chacun des travaux, un devis qu'ils remettront aux prytanes et à leur secrétaire ;
ceux-ci exposeront les devis dans la salle du conseil et inscriront à l'ordre du jour
un vote pour chacun des travaux séparément ; le conseil choisira les devis à suivre
pour les travaux ; conformément aux devis que le conseil aura votés, les polètes, en
présence des prytanes, mettront en adjudication des travaux à exécuter jusqu'à concurrence de dix talents, y compris la somme donnée par tribu ; ils feront l'adjudication, en la divisant en plusieurs années, jusqu'à l'achèvement des murailles.

Afin de procurer de l'argent pour les travaux, les dix talents qui sont présentement
versés chaque année, en vertu de la loi précédente, seront affectés aux murailles ;
l'entrepreneur devra compléter les parties inachevées de la digue intermédiaire, en
commençant à partir du signal ; il pourra se servir de la pierraille provenant de la
taille des pierres, qui n'aura pas été employée pour les murailles.

. . . .

Ce qui manquera pour compléter les dix talents sera fourni par les apodectes.
Les citoyens payeront la contribution suivant l'estimation de leurs biens et les
métèques pour la sixième partie. Le premier versement pour ce fonds qui, par la présente loi, est affecté aux murailles, sera fait immédiatement à la première prytanie :
le second, à la cinquième ; le troisième, à la neuvième. Les commissaires élus pour

la surveillance des murailles et le contrôleur, chacun de leur côté, inscriront les sommes dépensées et celles qui restent; ils présenteront leurs comptes à la neuvième prytanie, avant qu'ait lieu le versement.

Afin que les métèques sachent, les comptes une fois établis, ce qu'ils auront à verser comme complément des versements précédents, on introduira dans la salle du conseil les trésoriers et les épimélètes des symmories de métèques; avant le versement des fonds, les prytanes réuniront le conseil pour l'établissement des comptes; lorsque aura lieu cette séance, les proèdres seront tenus de mettre cette affaire en délibération, ou chacun d'eux sera passible d'une amende de cent drachmes, qui seront consacrées à la Déesse.

Le peuple élira, parmi tous les Athéniens, deux citoyens qui, de concert avec l'architecte qu'on aura élu, veilleront sur les travaux, afin que, chaque année, les entrepreneurs achèvent l'exécution des travaux qui auront été adjugés à chacun d'eux; les trésoriers en charge de la Déesse donneront à chacun des deux commissaires trois oboles par jour, sur le fonds des murailles.

Les commissaires choisis auront la présidence du tribunal, lorsque les entrepreneurs feront quelque chose contrairement au devis; si quelques-uns n'achèvent pas les travaux, ils seront passibles des mêmes peines qui sont édictées quand il s'agit de la défense du pays; les commissaires, avec les τειχοποιοί et leurs trésoriers, s'occuperont également des Longs Murs et de la muraille de Munychie, afin que les travaux soient achevés le plus rapidement possible; si quelqu'un des entrepreneurs ou de leurs garants ne se conforme pas au devis, ils le traduiront devant le tribunal.

Le conseil en charge prescrira aux prytanes de convoquer, un jour par prytanie, une séance pour s'occuper du fonds des murailles; y assisteront aussi les commissaires, les trésoriers de la Déesse et les τειχοποιοί.

Après la réception de chacun des travaux, on donnera au conseil 500 drachmes pour consacrer une offrande, et aux commissaires 100 drachmes pour offrir un sacrifice, le tout pris sur le fonds des murailles.

Afin d'assurer la fermeture des ports, les architectes payés par la ville et tout autre qui le voudra dresseront des devis à soumettre au conseil, et les travaux seront mis en adjudication conformément au devis qu'il aura adopté. Les commissaires élus pour surveiller les murailles veilleront également sur ce travail, de manière à assurer la défense de la ville.

L'argent pour ce travail sera pris sur le fonds des murailles et les commissaires élus par le peuple toucheront les sommes pour les entrepreneurs.

Ont été élus : Diotimos, fils de Timonidès, du dème d'Halæ; Philodémos, fils d'Autoclès, du dème des Éroiadai; Diodoros, fils de ......, du dème de ......, architecte.

L'inscription se compose de deux parties : 1° une loi comprenant 45 lignes, dans lesquelles le texte continue sur toute la longueur de la pierre; 2° immédiatement au-dessous, le devis de l'un des travaux ordonnés par la loi. Celui-ci est partagé en colonnes dont deux sont conservées; les lignes sont complètes dans la première; il manque peu de chose à droite de la seconde, mais la restitution, qui est certaine, montre que le nombre des lettres était le même dans les deux colonnes. Je m'occuperai seulement de la première partie.

Elle est gravée σ*Ίοιχηδόν*; il faut noter cependant quelques exceptions (l. 17, 18, 31, 39, 40) où deux lettres n'occupent que la place d'une seule. A la ligne 31, trois fois l'ι est réuni à une autre lettre. J'ai cru avoir le droit de supposer, pour les suppléments, que le même fait avait pu se produire dans la partie qui nous manque.

La restitution se présente dans de mauvaises conditions. A gauche, le commencement des lignes 30-45 est conservé, à une lettre ou deux près; mais dans les 30 premières, la lacune, qu'ici on peut fixer exactement, va de 19 lettres à la première ligne en se réduisant progressivement jusqu'à 3, à la vingt-neuvième. A droite, le dommage est encore plus considérable. Les premières lignes vont jusqu'à la 48ᵉ lettre, les dernières jusqu'à la 54ᵉ. La fin des lignes était gravée sur une autre pierre qui n'a pas été retrouvée. Pour en déterminer la longueur, les ressources habituelles font défaut : dans la loi, on ne rencontre aucune des formules dont la rédaction invariable permettrait de rétablir la phrase avec autant de certitude que si on la lisait encore sur la pierre. Dans quelques passages, le sens des mots à suppléer n'est pas douteux; mais la même idée a pu être exprimée par des expressions diverses et avec des tournures variées. Toutefois le rapprochement de plusieurs restitutions probables pourra fournir un élément d'appréciation; on reconnaît ainsi qu'il manque à droite au moins le tiers des lignes. Nous sommes encore loin du calcul rigoureux qui est nécessaire pour fixer le nombre des lettres. Voici la raison qui m'a déterminé à adopter le chiffre de 83.

Le devis est gravé immédiatement au-dessous de la loi, avec les mêmes caractères et la même disposition σ*Ίοιχηδόν*. La première lettre est placée sur la marge de la pierre comme le premier σ*Ίοῖχος* de la loi. Les inscriptions attiques de bonne époque étant disposées avec un grand souci de la régularité, on est à peu près sûr qu'à droite également les lignes avaient la même longueur et que les dernières lettres du devis arrivaient au même alignement que celles de la loi. Le nombre de lettres serait donc égal dans les deux pièces, si la seconde avait formé, comme la première, des lignes continues. Mais, pour la distinguer à l'œil de la précédente, on l'avait partagée en colonnes, séparées l'une de l'autre par un intervalle vide d'une lettre, et comptant chacune 27 lettres. On ne peut supposer plus d'une troisième colonne. Nous aurons donc, pour les lignes du devis, trois colonnes de 27 lettres ou 81 lettres, auxquelles nous devons en ajouter 2 pour les intervalles qui séparent les colonnes, en tout 83 lettres. Les lignes de la loi étant d'une longueur égale pour les raisons exposées ci-dessus, c'est le chiffre très probable de 83 lettres que j'ai pris comme base de la restitution.

M. P. Foucart. 2

Dans les conditions que je viens d'indiquer, on voit combien il est difficile de rétablir un texte, où il manque souvent la moitié des lignes, et quelle part est laissée aux conjectures. J'indiquerai en détail les raisons qui m'ont conduit à proposer tel ou tel supplément; mais il est bon de chercher d'abord à déterminer la date de l'inscription et la nature du monument, le seul de cette classe qui nous soit parvenu.

L'inscription traite des travaux à exécuter pour mettre en état de défense le Pirée et les Longs Murs. Voici, pendant le IVe siècle, en quelles circonstances les Athéniens eurent recours à ces précautions. Pendant la guerre de Corinthe, ils commencèrent en 394 à fortifier le Pirée, avant la bataille de Cnide[1], puis Conon, victorieux, releva les Longs Murs, et après lui, les travaux continuèrent encore deux ou trois ans[2].

Pendant une assez longue période, Athènes n'étant menacée sérieusement ni par terre, ni par mer, il n'est plus question de fortifications[3]. La guerre contre Philippe démontra aux Athéniens la nécessité de se préparer; après Chéronée, le peuple vota la réfection des ouvrages de défense et, même lorsque la paix fut conclue avec le roi de Macédoine, les Athéniens en poursuivirent l'exécution.

En 305, une inscription nous a conservé en partie le cahier des charges dressé pour la reconstruction des Longs Murs[4].

Entre ces trois époques, on peut se décider sans hésitation pour la seconde, en s'appuyant sur les deux indices suivants.

Le démotique est ajouté au nom de l'orateur. J'ai fait remarquer que, dans tous les décrets antérieurs à 353, on avait mentionné seulement le nom du citoyen qui propose le décret; à partir de 353, on y ajouta le nom du père et l'indication du dème; jusqu'ici, aucune exception ne s'est rencontrée[5]. Les propositions de lois étant rédigées dans la même forme que les décrets, cette règle leur est applicable. Pour les lois citées dans les orateurs attiques, qui sont antérieures à 353, comme celles d'Évégoros et de Timocratès, ni le nom paternel ni le démotique ne sont

---

[1] *Bull. de Corr. hellén.*, 1887, p. 130.

[2] *Corpus inscr. attic.*, t. II, 830-2; t. IV, 830 c, d, e.

[3] *Corpus inscr. attic.*, t. II, 833. M. Kœhler avait restitué [ἐπὶ Καλλι-σ]Ἰράτου ἄρχον[τος] (355-4). La restitution de M. Lechat [ἐπὶ Δημοσ]Ἰράτου (393-2) est beaucoup plus vraisemblable (*Bull. de Corr. hellén.*, 1888, p. 349).

[4] *Corpus inscr. attic.*, t. II, 167. Le décret a été longtemps attribué au temps de l'orateur Lycurgue; depuis, la date de 305 a été établie par Wachsmuth (*Die Stadt Athen*, t. II, p. vi) et par Kœhler (*Mittheil. Instit. Athen*, 1880, p. 276). Cf. *Corpus inscr. attic.*, t. IV, 270 et la note.

[5] *Bull. de Corr. hellén.*, 1888, p. 175.

ajoutés; au contraire, ils figurent dans un fragment de loi de Lycurgue[1].
Ici le démotique est conservé; il y a place dans la lacune pour le nom du
père; nous pouvons en conclure que l'inscription est postérieure à 353.
Le nom d'un personnage cité l. 46 conduit à la même conclusion.
L'un des deux épistates élus, Φιλόδημος Αὐτοκλέους Ἐροιάδης, figure dans
un inventaire de la marine comme garant des galères prêtées aux Chal-
cidiens en 340 [2], et dans un décret en l'honneur des Ténédiens, voté
vers le même temps, comme auteur d'un amendement [3].

Ces deux données conviennent à la date de 337 que nous proposons
pour l'inscription; celle-ci se rapporterait aux grands travaux que les
Athéniens entreprirent après la bataille de Chéronée. Quoique la paix
eût été faite avec Philippe, ils jugèrent prudent d'être prêts pour de
nouvelles luttes et de mettre en état le Pirée et les Longs Murs. Vers la
fin de l'archontat de Chærondas, dans les derniers jours de Thargélion,
Démosthènes fit voter un décret qui ordonnait aux tribus de se réunir
le 2 et le 3 Skirophorion, afin d'élire les citoyens chargés de la construction des murs et leurs trésoriers [4]. A la même époque, des travaux
eurent lieu au Pirée; on creusa des fossés autour de l'enceinte, et Démosthènes contribua à cette dépense [5]. Dans le discours pour la Couronne, l'auteur rappelait qu'alors le peuple avait voté toutes les propositions qu'il fit à l'assemblée pour la défense de la ville, et en particulier
l'argent destiné aux murailles. Ce serait donc lui qui aurait fait passer le
décret prescrivant la convocation des nomothètes, décret dont nous
verrons un résumé dans les considérants de la loi [6].

Il est assez surprenant de ne trouver aucune mention des nomothètes
dans la Πολιτεία Ἀθηναίων. Peut-être Aristote en avait-il parlé dans la partie
où il traite des tribunaux, partie qui ne nous est parvenue qu'en lambeaux.
Par certains côtés, en effet, ils ressemblent aux tribunaux : comme
ceux-ci, les nomothètes étaient pris parmi les citoyens athéniens qui avaient

[1] *Corpus inscr. attic.*, t. II, 162, l. 14.
[2] *Corpus inscr. attic.*, t. II, 804 B, l. 24.
[3] *Corpus inscr. attic.*, t. IV, 117 b.
[4] Ἐπὶ Χαιρώνδου ἄρχοντος. . . . . . .
ἔγραψε ψήφισμα Δημοσθένης ἀγορὰν
ποιῆσαι τῶν φυλῶν Σκιροφοριῶνος δευ-
τέρα ἱσταμένου καὶ τρίτη καὶ ἐπέταξεν
ἐν τῷ ψηφίσματι ἑκάστῃ τῶν φυλῶν
ἑλέσθαι τοὺς ἐπιμελησομένους τῶν ἔργων ἐπὶ τὰ τείχη καὶ ταμίας. Æschin.,
III, 27.

[5] Ὃς ἐπέδωκε δύο τάφρους περὶ τὸν
Πειραιᾶ ταφρεύσας. Plutarch. *Moral.*,
éd. Didot, p. 1036. Cf. Lycurg. *contr.
Leocrat.*, 44. Ἐπεμελοῦντο οἱ μὲν τῆς τῶν
τειχῶν κατασκευῆς, οἱ δὲ τῆς τῶν τά-
φρων, οἱ δὲ τῆς χαρακώσεως.

[6] Πάνθ' ὅσα τῆς φυλακῆς ἕνεκα
ἐπράττετο, ἡ διάταξις τῶν φυλάκων, αἱ
τάφροι, τὰ εἰς τὰ τείχη χρήματα,
διὰ τῶν ἐμῶν ψηφισμάτων ἐγίγνετο.
Demosth. *pro Cor.*, 248.

2.

prêté le serment des héliastes; ils formaient un grand jury, pouvant aller jusqu'à 1001 membres, toujours en nombre impair, afin qu'il y eût une majorité. Mais, d'autre part, ils fonctionnaient plutôt à la manière de l'assemblée. Tandis que les tribunaux étaient présidés par les magistrats qui avaient instruit l'affaire, les nomothètes avaient pour présidents un épistate et des proèdres tirés au sort[1], probablement parmi les Cinq Cents. Leur rôle paraît avoir été le même que celui des proèdres dans l'assemblée : ouvrir la délibération sur le sujet porté à l'ordre du jour, diriger les débats, mettre aux voix le projet proposé; même responsabilité pécuniaire, s'ils ne se conformaient pas aux prescriptions du décret qui avait ordonné la convocation des nomothètes[2]. Autre ressemblance avec l'assemblée du peuple. De même que le décret, la loi n'était pas une chose impersonnelle. Un orateur apportait un projet tout rédigé, dans lequel il avait réglé le mode et les moyens d'exécution des mesures prescrites par le peuple, où surtout il avait habilement trouvé des ressources financières pour les dépenses nouvelles. S'était-il acquitté de sa tâche avec succès, il pouvait obtenir du peuple une récompense. C'est ainsi qu'en 331 une couronne d'or fut décernée à Phanodémos, l'auteur de la loi qui instituait la fête quinquennale d'Amphiaraos.

Ἐπειδὴ Φανόδημος Θυμαιτάδης καλῶς καὶ φιλοτίμως νενομοθέτηκεν ϖερὶ τὸ ἱερὸν τοῦ Ἀμφιαράου, ὅπως ἀν ἥ τε ϖεντετηρὶς ὡς καλλίσθη γίγνηται καὶ αἱ ἄλλαι θυσίαι τοῖς θεοῖς τοῖς ἐν τῶι ἱερῶι τοῦ Ἀμφιαράου, καὶ ϖόρους ϖεπόρικεν εἰς ταῦτα καὶ εἰς τὴν κατασκευὴν τοῦ ἱεροῦ[3].

Par contre, la responsabilité de l'orateur était engagée; pendant un an, il était exposé à une accusation d'illégalité. Passé ce temps, la loi pouvait encore être attaquée devant un tribunal, mais non plus celui qui l'avait fait adopter; ce fut le cas pour la loi de Leptine.

Les nomothètes ne formaient pas un corps permanent; à chaque loi nouvelle, un jury nouveau était tiré au sort parmi les héliastes de l'année. Ils ne se réunissaient pas à des dates régulièrement fixées; il fallait, chaque fois, un décret du peuple, déclarant qu'il y avait lieu de les convoquer

---

[1] L'épistate et les proèdres des nomothètes étaient déjà nommés dans un texte de loi cité au § 33 du discours contre Timocratès.

Les critiques en avaient tiré une preuve contre l'authenticité de la pièce. Maintenant que leur existence et leur rôle sont confirmés par plusieurs textes epigraphiques, c'est un argument à faire valoir en sens contraire.

[2] Ἐὰν δὲ μ[ὴ ἐπιψηφί]σωσιν οἱ [ϖρ]όεδροι καὶ [ὁ ἐπισϊάτ]ης τῶν νομοθετῶν, ὀφειλ[έτω ἕκασϊ]ος αὐτῶν Χ δραχμὰς ἱερὰς [τῆι Ἀθην]ᾶι. Corpus inscr. attic., t. II, Addenda, p. 408. Cf. Demosth. contr. Timocr., 33.

[3] Corpus inscr. Græc. septentr., 4253.

et déterminant le sujet sur lequel ils auraient à légiférer. On a pu, à
l'aide du discours contre Timocratès, rétablir la procédure à suivre pour
l'abrogation d'une ancienne loi et le remplacement par une nouvelle [1];
mais on n'a pas assez marqué avec précision le rôle très important que
les nomothètes ont joué dans le mécanisme des finances athéniennes.

Les apodectes, chargés de répartir entre les divers services publics
l'argent qui était versé à l'Etat, ne pouvaient remettre aux magistrats que
les sommes prévues par les lois : ἐπειδὰν τὰ ἐκ τῶν νόμων μερίσωσι [2].
Pour toute dépense nouvelle, une loi était exigée, et, par conséquent, la
réunion d'une assemblée de nomothètes. Par exemple, lorsque le peuple
vota une pension d'une drachme par jour au Délien Pisithidès, chassé
de sa patrie, comme partisan d'Athènes, le décret prévit le vote d'une
loi pour autoriser les apodectes à remettre au trésorier du peuple l'argent
nécessaire.

Ὅπως ἂν δὲ μὴ ἀπορῆται τ[ροφῆς Πει]σιθείδης ἕως ἂν κατέλθ[ηι εἰς Δῆλ]ον, τὸν
ταμίαν τοῦ δήμου [τὸν ἀεὶ τ]αμιεύοντα διδόναι Πεισ[ιθείδηι] δραχμὴν τῆς ἡμέρας ἐκ
τὼ[ν κατὰ ψηφί]σματα ἀναλισκομένων [τῶι δήμωι·] ἐν δὲ τοῖς νομοθέται[ς τοὺς προ-
έδ]ρους οἳ ἂν προεδρεύωσιν [καὶ τὸν ἐ]π[ισ]τάτην προσνομοθετῆ[σαι τὸ ἀργ]ύριον
τοῦτο μερίζειν τ[οὺς ἀποδ]έκτας τῶι ταμίαι τοῦ δήμ[ου εἰς τὸ]ν ἐνιαυτὸν ἕκαστον·
ὁ δὲ τ[αμίας ἀπ]οδότω Πει[σι]θείδει κατὰ [τὴν πρυτ]ανείαν ἑκάστην [3].

Une convocation spéciale de nomothètes était coûteuse, à cause du
salaire payé aux héliastes qui en faisaient partie. Pour l'éviter, on s'avisa
d'un expédient, que deux inscriptions du IVe siècle nous font connaître. En 336, le peuple athénien ayant décerné une couronne d'or de
1,000 drachmes, l'argent dut être prêté à intérêt par le trésorier du
peuple; mais, en même temps, le décret prescrivait à la première
assemblée de nomothètes qui serait réunie, de régulariser les dépenses
par une loi et de rembourser le trésorier, en ajoutant au crédit de la
caisse qu'il gérait une somme équivalente à ses avances.

[Τὸ δὲ ἀρ]γύριον τὸ εἰ[ς τὸν] στέφ[ανον προδανεῖσαι τὸν ταμίαν τοῦ] δήμου ἐκ τῶν
[εἰς τ]ὰ κατὰ ψηφ[ίσματα ἀναλισκομένων τῶι δήμ]ωι, ὅπως δ' ἂν ὁ [ταμ]ίας ἀπολά-
β[ηι τὸ ἀργύριον τὸ εἰρημένον, τ]οὺς προέδρους, οἳ ἂν λάχωσι [προεδρεύειν εἰς τοὺς
πρώτου]ς νομοθέτας, προσνομοθετῆ[σαι τῶι ταμίαι] [4].

La même opération est indiquée d'une manière plus brève dans un
décret de 329. Il s'agissait de récompenser les épimélètes des Amphiaraia en leur attribuant une somme pour offrir un sacrifice en leur

[1] Demosth. *contr. Timocr.*, 20-23, 33. — Schœll, *Ber. bayer. Akad.*, 1886,
p. 83-139. — [2] *Corpus inscr. attic.*, t. II, 38. — [3] *Corpus inscr. attic.*, t. II, Addenda, p. 409. — [4] *Corpus inscr. attic.*, t. IV, p. 44.

M. P. Foucart.   3

propre nom. Aucun crédit n'avait été prévu pour cette dépense; une loi
était donc nécessaire. Mais le salaire des nomothètes aurait entraîné des
frais disproportionnés et le décret ajourna le vote d'une loi à leur pro-
chaine réunion.

Δοῦναι δὲ αὐτοῖς καὶ εἰς θυσίαν καὶ ἀνάθημα Π δραχμάς · τὸ δὲ ἀργύριον τὸ εἰς
τὴν θυσίαν προδανεῖσαι τὸν ταμίαν τοῦ δήμου · ἐν δὲ τοῖς πρώτοις νομοθέταις προσ-
νομοθετῆσαι τῶι ταμίαι [1].

On voit, par ces exemples, qu'aucune dépense nouvelle, si minime
qu'elle fût, ne pouvait être engagée sans une loi. Il avait donc fallu que
le décret du peuple qui décidait de fortifier le Pirée prescrivit en même
temps de convoquer une assemblée de nomothètes. Celle-ci avait à fixer
par une loi les ressources nécessaires pour subvenir aux dépenses et à
régler tout ce qui touchait à l'exécution des travaux, mais en se tenant
dans les limites marquées par le décret.

L. 1. On n'y voit plus qu'un E isolé, plus grand que les caractères
de l'inscription. C'est le reste du mot [θ]ε[οί], formule d'invocation gravée d'ordinaire en tête des inscriptions. Il ne manque donc rien au commencement.

L. 2. Au début était mentionné l'orateur qui avait proposé et fait
passer le projet de loi. J'ai restitué le nom d'un contemporain, du dème
d'Aphidna, qui fit voter un décret en 332 [2], et celui de son père. Ce
supplément correspond au nombre des lettres qui manquent, mais ce
n'est qu'une simple conjecture.

L'intitulé n'est pas complet. Dans la pièce originale, la date devait
être indiquée, comme le prouve un trop court fragment d'une loi de
Lycurgue [3] :

```
.....ΤΗΣΣΚΙΡΟΦΟΡ[ιωνος εκτ]ΗΙΙΣΤΑΜΕΝΟΥΝΟΜΟ.....
...[Λυκουρ]ΓΟΣΛΥΚΟΦΡ[ονος Βου]ΤΑΔΗΣΕΙΓΕΝ........
```

A gauche, probablement le nom de l'archonte; puis la tribu prytane,
avec le chiffre, ce dernier fixé par le mois Skirophorion [δεκά]της. Cf.,
dans le discours contre Timocratès, ἐπὶ τῆς Πανδιονίδος πρώτης (§ 39 et
71). Le jour de la prytanie n'était pas indiqué, mais le quantième du
mois est conservé, Peut-être νομο[θετῶν ἕδρα]. A coup sûr, on avait mentionné le nom du président, comme dans la pièce citée au paragraphe 71,

---

[1] *Corpus inscr. Græc. septent.*, 4254. — [2] *Corpus inscr. Græc. septent.*, 4253. —
[3] *Corpus inscr. attic.*, II, 162, l. 14-15.

[τῶν προέδρων ἐπεψήφιζεν ὁ δεῖνα] ; enfin, comme dans notre monument,
le nom de l'orateur, son père et son dème.

L'omission de l'intitulé s'explique par ce fait que l'inscription n'est
qu'une copie secondaire. Les stèles sur lesquelles on gravait les lois ou
les décrets étaient d'ordinaire exposées sur l'Acropole. Notre inscription
a été découverte à Munychie, près de la carrière qui fournissait les pierres
pour un des travaux mentionnés dans la loi ; de plus, malgré les nom-
breux devis qu'elle comportait, un seul, celui de Munychie, paraît avoir
été gravé à la suite de la loi.

Les mots ἀγαθῆι τύχηι, lorsqu'ils sont en tête d'un document, constituent une formule indépendante qui n'a aucun lien avec le reste ; mais,
placés après εἶπεν, ils se rattachent à l'ensemble de la phrase et le sens
en doit être déterminé par un génitif. Par suite, il faut restituer το[ῦ
δήμου τοῦ Ἀθηναίων].

L. 2-5. La loi votée par les nomothètes commence aux mots δεδόχθαι
τοῖς νομοθέταις. Les lignes précédentes ne peuvent contenir que les considérants, réunis dans un même membre de phrase. Les deux subjonctifs
de la ligne 4 dépendent d'une conjonction, telle que ὅπως ἄν, qui a dis
paru. On reconnaît facilement dans ces lignes mutilées l'énumération
d'une série de travaux à exécuter. Mais, avant tout, il convenait de rap-
peler de qui les nomothètes tenaient leurs pouvoirs ; c'est d'un décret
du peuple, qui ordonne de les réunir et qui détermine l'objet de la loi
à voter. Aussi ai-je restitué au début : [ἐπειδὴ ἐψηφίσατο ὁ δῆμος νομοθετεῖν εἰς τὰ ἔργα][1].

Les travaux principaux doivent se faire à Étioneia et au Pirée. Étioneia désigne la presqu'île qui ferme au nord-ouest le port du Pirée. Les
Quatre Cents avaient commencé à y élever une forteresse ; les travaux
furent promptement interrompus par le soulèvement du parti démocra-
tique (Thucyd., VIII, 90). En juin 394, les Athéniens, dès le début de
la guerre de Corinthe, s'empressèrent de fortifier Étioneia[2], et le travail continua encore jusqu'en 392.[3].

On remarquera qu'Étioneia, à cause de sa position de l'autre côté du
port, est distinguée du reste du Pirée. Il est probable que les fortifications étaient restées inachevées après la guerre de Corinthe ou que le
temps les avait dégradées, puisqu'il fallut y entreprendre des travaux
considérables en 337. Dans la lacune devait se trouver une désignation

---

[1] Même emploi du verbe νομοθετεῖν dans le discours contre Timocratès (28) :
αὐτὸς ἔγραψεν κύριον νομοθετεῖν. — [2] Bull. de Corr. hellén., 1887; p. 129. —
[3] Bull. de Corr. hellén., 1888, p. 348.

plus précise; j'ai restitué naturellement τὰ τείχη, parce qu'il en est question plusieurs fois dans le reste de l'inscription. J'y ai joint αἱ τάφροι,
quoiqu'il n'en soit pas question dans la partie conservée, mais nous
savons par Plutarque que des fossés furent alors creusés au Pirée et que
Démosthènes donna l'argent pour en exécuter deux [1].

La restitution M[ονυχίασιν] n'est pas douteuse, puisque l'inscription a
été trouvée dans les carrières de Munychie et qu'on a gravé à la suite le
devis détaillé des travaux : [Συ]γγραφαὶ τοῦ τείχους τοῦ Μονυχίασι [2]. Le
mur de Munychie existait, construit en pierres et non en briques, mais
certaines parties en parurent défectueuses (τὰ ἔλλοιπα τῶν λιθίνων τειχῶν) et on résolut de les corriger; par exemple, on remplaça la pierraille qui remplissait l'intérieur d'une tour ronde par des pierres taillées
et appareillées [3], on répara les courtines et les tours, ainsi que les esca-
liers qui conduisaient sur le rempart [4]. Ces améliorations justifient la
restitution d'un verbe comme διορθωθῆι.

Il était nécessaire d'introduire dans cette énumération la clôture des
ports. Aucune des lettres se rapportant à cet ouvrage ne subsiste dans
les considérants, mais il en est fait une mention spéciale dans le corps
même de la loi (l. 40). Le souvenir d'une mésaventure fâcheuse incita
sans doute les Athéniens à s'en préoccuper particulièrement. Suivant
Polyen, le tyran Alexandre de Phères, vainqueur de la flotte athénienne
à Péparéthos en 362, aurait ordonné aux commandants de ses galères
de pénétrer à l'improviste dans le Pirée et de s'emparer de l'argent des
changeurs et des banquiers installés sur le quai [5]. Pareil coup de main
ou une tentative encore plus dangereuse pouvait être à craindre des
vaisseaux de Philippe. On résolut de la prévenir en assurant la fermeture des ports.

La restitution de la ligne 5 est moins certaine. Il est question de mettre
en état une chose que désignait un substantif masculin, ou féminin, au
pluriel. Cherchant quel objet pouvait servir à la guerre, en dehors des
murs et des ports, je n'ai trouvé que les loges de vaisseaux. Il est vrai
qu'en 339-338 Démosthènes avait fait voter un décret qui affectait aux

---

[1] Plutarch. *Moral.*, éd. Didot,
p. 1036.

[2] Ἐφημ. ἀρχ., 1900, p. 94, l. 47.

[3] Ἐξαμησάμενον τὴν λατύπην τὴν
ἐγκεχωμένην ἐκ τοῦ σΊρογγύλο(υ) πύρ-
γο(υ) ἄπασαν πληρῶσ[αι] τὸμ πύργον
λίθοις μὴ ἐλάτΊοσιν ἢ δίποσιν. *Ibid.*,
col. B, l. 47-51.

[4] Ὅπως ἂν ἦι ὀρθὰ τὰ μεταπυργίδια
καὶ οἱ πύργοι ἀπανταχῆ καὶ [αἱ κ]λί-
μακες. *Ibid.*, l. 69-71.

[5] Συνέταξε τοῖς ἐπὶ τῶν νεῶν διὰ
τάχους προσπλεῦσαι τῷ δείγματι τοῦ
Πειραιῶς καὶ ἀπὸ τῶν τραπεζῶν ἁρπάσαι
τὰ χρήματα. Polyæn., VI, 11, 2.

dépenses militaires toutes les sommes employées à d'autres usages; l'une des conséquences fut de suspendre la construction de la sceuothèque et de l'arsenal[1]. Mais le verbe ἐπισκευασθῶσιν s'emploie pour la réparation ou la préparation d'une chose déjà existante, et non pour une construction nouvelle; il n'y a donc pas contradiction avec le décret de 339-338. Il s'agit de mettre en état de service les loges de vaisseaux déjà construites, en les munissant de tout ce qui était nécessaire, par exemple, des coffres pour les agrès, des pièces de rechange, etc. Je conviens néanmoins que la restitution du substantif οἱ νεώσοικοι peut être regardée comme hypo-thétique.

Il n'en est pas de même du substantif neutre pluriel qui vient après. Ce sont les Longs Murs, τὰ [μακρὰ τείχη], d'autant plus certainement qu'il en est fait une mention expresse à la ligne 34. Les Longs Murs avaient été reconstruits par Conon. Il n'est pas certain qu'ils aient été complètement achevés, une fois la hauteur atteinte qui suffisait à arrêter l'ennemi. De plus, la partie supérieure des remparts comportait des constructions légères en briques, en bois et en roseaux pour les créneaux, les chemins de ronde, la toiture. C'est cette partie, dont l'entretien avait été probablement négligé, que le décret ordonnait de mettre en état, ἐπισκευάζηται, comme cela eut lieu également en 305[2].

Jusqu'au mot δεδόχθαι, il reste une lacune de quarante lettres et, ce qui est le plus fâcheux, rien n'a été conservé qui puisse mettre sur la voie. J'avais d'abord pensé à une indication topographique, déterminant la partie des Longs Murs à réparer, par exemple, ἀπὸ τοῦ διατειχίσματος μέχρι......, comme dans le devis de 305[3]. Mais, ce détail ne figurant pas dans le passage de la loi relatif aux Longs Murs, il m'a semblé qu'il devait encore moins avoir trouvé place dans le résumé du décret. D'autre part, si l'on tient compte de l'affirmation de Démosthènes que le peuple avait, sur sa proposition, voté l'argent nécessaire pour les fortifications[4], on sera conduit à restituer dans la lacune la mention de la somme que l'assemblée avait fixée pour cette dépense. Il ne restait plus aux nomo-thètes qu'à trouver les voies et moyens pour fournir la somme fixée dans le décret. Dans ce sens, je propose, à titre de conjecture, quelque chose comme : [καὶ πόρους πορίζειν κατ' ἔτος μέχρι δέκα ταλάντων].

---

[1] Λυσιμαχίδης Ἀχαρνεύς · ἐπὶ τούτου τὰ μὲν ἔργα τὰ περὶ τοὺς νεωσοίκους καὶ τὴν σκευοθήκην ἀνεβάλοντο διὰ τὸν πό-λεμον πρὸς Φίλιππον · τὰ δὲ χρήματ'- ἐψηφίσαντο πάντ' εἶναι στρατιωτικά, Δημοσθένους γράψαντος. Philoch. fr., 135, *Fragm. hist. gr.*, éd. Didot, t. I, p. 406.

[2] *Corpus inscr. attic.*, t. II, p. 167.

[3] *Corpus inscr. attic.*, t. II, p. 167.

[4] Voir page 7.

M. P. Foucart.

L. 6. Ici commence la loi elle-même. Les lignes 6-12 constituent un premier paragraphe, traitant des devis et de l'adjudication des travaux. Jusqu'à la ligne 9, le sens et, parfois même, le texte peuvent être rétablis avec une grande probabilité.

A la fin de la ligne 6, M. Dragatsis a lu ΑΡΧΟ, ce qui entraînerait forcément la restitution τοὺς μὲν ἄρχο[ντας]. J'ignore si la dernière lettre conservée ο se lit distinctement sur la pierre. Mais sur l'estampage, elle n'est pas nette; il me semble voir tantôt les traces d'une lettre ronde, tantôt, au contraire, d'un trait vertical. Y a-t-il eu une correction? Est-ce un défaut de la pierre? Je ne saurais me prononcer et, dans ces conditions, je n'ai pas tenu compte d'un caractère aussi douteux[1]. Il s'agit, comme on le voit à la ligne 7, de devis à rédiger; il fallait donc s'adresser à des hommes compétents. Or, à la ligne 40, où il est également question de la rédaction d'un devis, nous lisons : [τοὺς πα]ρὰ τῆς πόλεως μισθοφοροῦντας. Cette expression désigne les ingénieurs ou architectes que l'assemblée du peuple élisait pour conduire chacun des travaux publics et qui recevaient un salaire de l'État[2]. J'ai rétabli ici la même expression, en restituant ἀρχ[ιτέκτονας]. La loi faisait appel, pour dresser les devis, à tous les ingénieurs, au moins à ceux à qui la ville avait déjà confié des travaux; cette désignation garantissait leur capacité.

L'expression συγγραφαί, au ive siècle, s'emploie pour le devis, le cahier des charges d'une construction mise en adjudication.

Le meilleur exemple et le plus connu est celui de l'arsenal de Philon au Pirée; il est assez minutieux, assez précis pour qu'il ait été possible, en suivant les indications qu'il contient, de restituer complètement le plan de l'édifice. Συγγραφαὶ τῆς σκευοθήκης τῆς λιθίνης τοῖς κρεμασlοῖς σκεύεσιν[3]. Ici même, au bas de l'inscription est gravé le devis des travaux de Munychie : Συγγραφαὶ τοῦ τείχους τοῦ Μουνχίασι[4]. La loi spé-

---

[1] L'article était rédigé lorsque j'ai reçu une lettre de M. le Dr Ad. Wilhelm, que j'avais prié de vérifier ce passage. Il m'écrit que l'apparence d'une lettre ronde est due à une cassure de la pierre, mais que le trait vertical et, par suite, la restitution ἀρχι[τέκτονας] ne sont pas douteux. M. Wilhelm a eu également l'obligeance de m'avertir qu'à la l. 30, il avait distingué, avant le Σ, la moitié d'un Ω, qui n'est pas visible sur mon estampage. J'ai pu profiter de cette indication pour modifier un peu ma première restitution.

[2] Ἀρχιτέκτονι, ὃ προέλαβεν, Λυκούργου κελεύσαντος, τῆς πρυτανείας μισθὸς ⊢ΔΔ⊢⊢. Corpus inscr. attic., t. II, p. 522, l. 11.

[3] Corpus inscr. attic., t. II, 1054.

[4] Ἐφημ. ἀρχαιολ., 1900, p. 94, l. 47. La disposition est à peu près la même dans l'inscription des Longs Murs (n. 167) : d'abord le décret ordonnant les travaux, puis le devis. Il faut donc compléter ou modifier la restitution que les divers éditeurs ont donnée pour la ligne 32 : ἀναγράψαι δὲ τόδε τὸ ψήφισμα τὸν κατὰ πρυταν[είαν

cifie qu'il ne sera pas présenté un plan d'ensemble, mais des devis parti-
culiers pour chacun des travaux énumérés dans les considérants.

L. 7-8. Le participe παραλαϐόντας appelle évidemment le verbe πα-
ραδιδόναι comme dans la phrase d'Aristote : Παραδίδωσι (l'épistate) τὸ
πρόγραμμα αὐτοῖς (les proèdres), οἱ δὲ παραλαϐόντες[1]. Non moins évidente est la restitution de l'infinitif ἐκτ[ιθέναι] et la désignation de l'endroit où les devis seront exposés; c'est naturellement l'édifice où se
réunit le conseil, qui doit choisir entre les plans proposés. Entre l'expo-
sition de ceux-ci et le reste, il n'y a place que pour la mise à l'ordre du
jour. Conformément à la constitution, c'est l'affaire des prytanes. Ὅσα
δεῖ χρηματίζειν ἡ βουλὴ [καὶ ὅ τι] ἐν ἑκάσῃ τῇ ἡμέρα καὶ ὅπου καθίζειν,
οὗτοι προγράφουσι[2]. Il doit être dit aussi, dans l'ordre du jour, que le
conseil votera séparément sur chacun des travaux, αὐτὸ καθ'αὑτό. Ceux
des devis qui auront été adoptés seront mis en adjudication. Le collège
des dix polètes peut seul y procéder. Οἱ πωληταὶ δέκα μέν εἰσι . . . . . .
μισθοῦσι δὲ τὰ μισθώματα πάντα[3]. La restitution de cette partie du paragraphe paraît peu douteuse. Il n'en est pas de même des deux lignes
suivantes. Le mot ταλάντων indique une somme à dépenser; le chiffre
est fixé par la mention dans la loi d'une somme de dix talents (l. 19).
C'est, je crois, la limite de la dépense annuelle des travaux. Quel est le
sens de σὺν τῶι ἐπὶ φυλὴν διδομένωι? Il faut écarter l'idée d'argent à donner
pour les fortifications de Phylé; cette forteresse n'est pas nommée dans
le résumé du décret, et s'il s'agissait d'elle, il serait fait mention de Pá-
nacton qui formait avec Éleusis et Phylé la ligne de défense du côté de
la Béotie. J'entends donc ἐπὶ φυλήν, par tribu. La réparation des Longs
Murs fut partagée entre les dix tribus et chacune d'elles reçut de l'État
l'argent nécessaire. Le sens serait donc que, chaque année, les polètes
auraient à adjuger des travaux jusqu'à concurrence de dix talents, mais
que dans ce total ils devront comprendre l'argent distribué entre les
tribus. Dans la suite, il est vraisemblable qu'une durée de plusieurs
années était prévue pour mener à terme les travaux ordonnés. En un
cas semblable, la réfection des Longs Murs en 305, les polètes et les
magistrats qui firent l'adjudication fixèrent ce qui devait être fait chaque
année. C'est sur cette donnée que s'appuie la conjecture proposée dans
la transcription.

γραμματέα] . . . . . [καὶ τὰς συγγραφ]ὰς
ἃς ἂν εἰσενέγκω[σι]ν οἱ ἀρχ[ι]τ[έ]κ[τονε]ς
[εἰς] στ[ήλην λιθίνην].

Le substantif εἰσφοράς qu'a proposé
M. Wachsmuth (*Die Stadt Athen*, II,
p. viii) ne peut convenir dans ce passage.

[1] Aristote, Πολιτ., 44.
[2] *Ibid.*, 43.
[3] *Ibid.*, 47.

L. 12-13. Le sujet de ce paragraphe, le plus important de la loi, est nettement marqué par les premiers mots conservés. C'était l'office essentiel des nomothètes de trouver de l'argent pour les dépenses nouvelles. Dans le décret en l'honneur de Phanodémos, on l'avait loué non seulement des sages dispositions de sa loi, mais encore d'avoir trouvé des ressources [1]. Nous voyons par la ligne 13 que les nomothètes affectèrent aux travaux une somme payée annuellement en vertu d'une loi précédente; cette somme était de dix talents (l. 19). Ces indices conduisent à une restitution fort probable. Il est question, dans un décret, d'une εἰσφορά annuelle de dix talents, destinée à la construction de la sceuothèque et des loges de vaisseaux, et pour laquelle deux métèques versèrent des contributions de 347-346 à 323-322 [2]. Comme Démosthènes parle d'une assemblée tenue au Pirée, dans le mois de Skirophorion 346, pour délibérer sur les affaires de l'arsenal [3], on peut, en rapprochant du décret le témoignage de l'orateur, conclure que l'εἰσφορά de dix talents fut établie en 346, et elle ne pouvait l'être que par une loi. N'est-ce pas cette loi de 346 qui est ici rappelée par les mots ἐκ τοῦ προτέρου νόμου? Elle fut exécutée jusqu'en 339-338 et les dix talents appliqués à la construction de la sceuothèque et des loges. La guerre contre Philippe en amena l'interruption, et le peuple, sur la proposition de Démosthènes, décida que tous les fonds seraient transférés aux dépenses militaires. L'εἰσφορά continua donc à être perçue, mais non plus employée pour le but auquel elle avait été primitivement destinée; cependant, on le voit par l'inscription citée, elle ne cessa pas de former

[1] Voir page 8.

[2] Εἴς τε τὴν οἰκοδομίαν τῶν νεωσοίκων καὶ τῆς σκευοθήκης εἰσφέροντες τὰς εἰσφορὰς καθ'ἕκασ7ον τὸν ἐνιαυτὸν τὰς εἰς τὰ δέκα τάλαντα καλῶς καὶ προθύμως ἀπὸ Θεμισ7οκλέους ἄρχοντος μέχρι Κηφισοδώρου (*Corpus inscr. attic.*, II, 270). On remarquera que les deux métèques payèrent les εἰσφοραί pour les dix talents depuis l'archontat de Thémistoclès (347-346) jusqu'à celui de Képhisodoros (323-322), sans aucune interruption. Ce fonds servit d'abord pour la sceuothèque et les loges, depuis 346 jusqu'à l'archontat de Lysimachidès (339-338), puis aux dépenses militaires jusqu'au vote de la nouvelle loi, qui l'appliqua aux travaux des murailles. Quand ceux-ci furent achevés, les dix talents furent rendus à leur premier emploi, la construction de la sceuothèque et des loges, terminée avant la mort de Lycurgue. Mais ensuite, l'εἰσφορά fut encore maintenue et les fonds servirent probablement aux dépenses de la guerre Lamiaque. — Après la défaite et l'asservissement d'Athènes, elle fut supprimée. Le décret n'a pas rappelé toutes ces modifications; il suffisait de faire valoir la régularité et la bonne volonté avec laquelle les versements furent faits pendant 24 ans.

[3] Τῇ τετράδι φθίνοντος (Σκιροφοριῶνος) ἠκκλησιάζετε μὲν τόθ'ὑμεῖς ἐν Πειραιεῖ περὶ τῶν ἐν τοῖς νεωρίοις. Demosth. παραπρεσβ., 60.

un fonds particulier qu'on appelait *les dix talents*. Le chiffre de la somme attribuée aux travaux par les nomothètes étant le même et désigné de même, les métèques devant verser à cette contribution comme à l'ancienne, il devient probable que ce fut l'ancien fonds de la sceuothèque et des loges que la loi nouvelle affecta aux nouveaux travaux des murailles, et, pour bien marquer leur destination, on les appela τὰ χρήματα τὰ τειχοποιικά.

A partir de la ligne 13 jusqu'à la ligne 18, une série de prescriptions dont je ne puis saisir le lien. Il est d'abord question d'un travail à une digue désignée par l'épithète διάμεσον, *intermédiaire, qui réunit deux points séparés*. Cette désignation ne convient ni aux môles qui fermaient le port ni aux quais du Pirée; il faut, de plus, que le travail soit de quelque utilité pour la défense. En cherchant dans les diverses parties du Pirée un point qui répondît à ces conditions, il m'a semblé que l'expression διάμεσον χῶμα s'appliquerait bien à la digue qui allait de l'extrémité du mur d'Étioneia au dernier des Cinq Portiques. Lorsque les Quatre Cents entreprirent de faire d'Étioneia une forteresse indépendante, ils fortifièrent en même temps, de l'autre côté du port, le plus grand des Cinq Portiques, celui où l'on vendait la farine. Mais, pour aller de l'un de ces points à l'autre, il fallait, en contournant l'extrémité du port, faire un assez long circuit, tout entier à découvert. Il dut donc leur venir à l'idée de jeter, entre l'extrémité du mur d'Étioneia et le Portique, une digue qui traverserait le port, à un endroit où l'eau est peu profonde, et qui en interdirait l'accès du côté de la terre. Soit que les Quatre Cents n'aient pas eu le temps d'achever leur ouvrage, soit que l'entretien de la digue eût été négligé, j'ai supposé, pour la restitution, que l'entrepreneur aurait à compléter la partie qui manquait ou était défectueuse [1].

J'ai rattaché à la même prescription les débris de la ligne 14. En effet, les mots καὶ μή montrent qu'il y avait un premier membre de phrase, et que tous deux se rattachaient par un relatif à la proposition infinitive. Ἀναλίσκω a ici le sens d'*employer*, comme dans un décret du v⁰ siècle : λίθοις χρωμένους . . . . . . οὓς ἔλιπον εἰς τὸ τεῖχος ἀναλίσκοντες [2]. Parmi les matériaux qui peuvent servir à la fois pour les murs et pour la digue, il y a les pierres; mais le pluriel masculin λίθοι ne pourrait être le sujet du verbe ἀνήλωται. Il y a aussi la pierraille, dont les anciens

[1] Les traces de cette digue sont marquées sur le plan du Pirée des *Karten von Attika*. Toute cette partie du port a été modifiée par les travaux exécutés dans ces dernières années.

[2] *Mittheil. Athen*, 1899, p. 163.

faisaient grand usage pour leurs fortifications. C'est seulement par exception que les murs étaient construits entièrement en pierres de taille[1]; presque toujours on bâtissait deux murs, parallèles, plus ou moins distants, n'ayant qu'une seule épaisseur de pierres appareillées; l'intervalle était rempli par de la terre, des cailloux, ou mieux les déchets provenant de la taille des pierres qui étaient façonnées sur place, λατύπη. Ce procédé, plus rapide et plus économique, a été constaté dans les restes des murs d'Étioneia[2]; on voit aussi, dans le devis de Munychie, qu'il avait été employé pour remplir une tour ronde[3]. Ce genre de matériaux était excellent pour une chaussée ou une digue, et l'objet de ce passage me paraît être d'autoriser l'entrepreneur à utiliser la λατύπη non employée pour les murs; il pouvait donc faire une économie sur les matériaux et, par suite, demander un prix moins élevé pour l'adjudication; c'est ce qui explique l'introduction de ce petit détail dans la loi.

Je n'ai aucune restitution à proposer pour les lignes suivantes et je me bornerai à quelques observations.

L. 16. La fin du premier mot appartient à un substantif composé d'un chiffre et du suffixe αρχος. Les [πεντη]κόνταρχοι étaient les commissaires chargés de l'approvisionnement des galères, nommés par l'élection; mais je ne vois pas quel rôle leur est ici assigné.

L. 17. Les ὑπηρεσίαι sont les équipages de la flotte. Conon les avait employés à la construction des Longs Murs. Peut-être ici sont-ils appelés à une besogne analogue. Dans ce cas, on pourrait restituer [μεταπέμπεσθαι τὰς] ὑπηρεσίας. Dans παρὰ το l'omicron a la valeur de ου, comme dans plusieurs autres mots de l'inscription, et je crois qu'on a sous-entendu ou omis le génitif σ1ρατηγοῦ. Les Athéniens avaient conservé la possession de Samos; une partie de leur flotte y stationnait sous le commandement d'un ou de plusieurs stratèges. On conçoit donc que la loi ait pu dire qu'on manderait au stratège de Samos de ramener les équipages pour travailler au Pirée.

L. 18. Un talent pris sur les dix talents des τειχοποιικά ayant été ou devant être prêté, la somme prévue pour les travaux n'était plus complète. Ce qui manquait devait être fourni par une caisse dont la mention a disparu. Le verbe μερίζειν est presque toujours employé pour les versements faits par les apodectes, collège annuel de dix magistrats qui recevaient toutes les sommes dues à l'État et les répartissaient entre les divers services, d'après les lois.

---

[1] Ἐντὸς δὲ οὔτε χάλιξ οὔτε πηλὸς ἦν, ἀλλὰ ξυνῳκοδομημένοι μεγάλοι λίθοι. Thucyd. I, 93. — [2] *Bull. de Corr. hellén.*, 1888, p. 337 et suiv. et pl. XV. — [3] Voir p. 12, note 3.

Comment remplir la lacune des lignes 18-19? Peut-être y avait-il simplement l'indication du fonds sur lequel les apodectes fourniraient le complément des dix talents. Mais la phrase suivante commence par εἰσφέρειν δὲ καὶ τοὺς μετοίκους, ce qui suppose qu'il était fait mention, dans ce qui précède, d'une autre catégorie de contribuables. Je me suis décidé pour cette dernière hypothèse; mais il faut convenir que tout cela demeure incertain.

A la ligne 19, on peut de nouveau saisir la suite des idées et restituer le texte avec plus de probabilité. Les métèques devaient contribuer pour la sixième partie. On savait déjà qu'ils ne payaient pas sur le même pied que les citoyens. Androtion, chargé par l'État de recouvrer les sommes dues par des débiteurs publics en retard, insulta l'un d'eux en lui disant qu'il était d'origine servile et qu'il aurait dû contribuer, avec les métèques, pour la sixième partie, καὶ προσήκειν αὐτῷ τὸ ἕκτον μέρος εἰσφέρειν μετὰ τῶν μετοίκων (Demosth. contr. Androt., 61). Si le rapprochement de l'inscription et du discours montre que la sixième partie était le taux ordinaire des contributions des métèques, malheureusement il ne nous apprend rien de nouveau sur la quotité de l'impôt et n'apporte aucune lumière sur le sens de l'expression τὸ ἕκτον μέρος. Les Athéniens l'avaient abrégée à cause de son fréquent usage, et, par là, elle est devenue obscure pour nous. Était-ce la sixième partie du capital imposable des métèques ou la sixième partie de la dépense pour laquelle l'εἰσφορά était établie? Le nouveau texte ne permet pas de trancher la question [1].

L. 20-22. Versements des métèques. Le troisième était fixé à la neuvième prytanie; il est évident qu'il faut restituer le second à la cinquième. Pour le premier, la mention en était plus longue, puisqu'il fallait y exprimer les deux substantifs *versement* et *prytanie*, sous-entendus dans le deuxième et le troisième. La lacune de la ligne 20 n'est pas assez grande pour recevoir cette double mention, encore moins celle de la ligne 21; j'ai dû la diviser et la répartir entre les deux.

L. 22-24. Il est traité plus loin de la nomination des commissaires des remparts, de leurs fonctions et de leurs pouvoirs. Le mot qui détermine le sens du paragraphe est τὸν ἀντιγραφέα. Ce n'est pas le contrôleur dont parle Eschine, qui, à chaque prytanie, rendait compte à l'assemblée de la situation financière [2]. Nous avons affaire ici à un fonctionnaire plus modeste. A côté de tous les magistrats ou commissaires qui avaient à payer des dépenses publiques, les Athéniens plaçaient un ἀντιγραφεύς,

[1] Clerc, *Les métèques athéniens*, p. 24 et suiv. — [2] Æschin., III, 25.

C'était un esclave public, élu par le peuple et recevant un salaire de la ville. Dans les comptes d'Éleusis, en 328, on lit : Τηλοφίλωι τῶι κεχειροτονημένωι ἀντιγράφεσθαι τὰ ἀναλισκόμενα [1]. Son rôle consistait à inscrire tous les payements faits par les commissaires. La restitution τὰ ἀνα[λισκόμενα] est évidente. Les comptes étaient faits par prytanie, et, à la fin de chacune d'elles, on marquait ce qui restait en caisse, ce qui conduit à rétablir καὶ τὰ περιόντα. De leur côté, les magistrats ou commissaires dressaient une liste des payements qu'ils effectuaient. La copie du δημόσιος permettait de contrôler. Pour cela, il fallait que les deux états fussent dressés indépendamment l'un de l'autre; il m'a paru nécessaire d'introduire cette prescription dans la restitution; j'ai placé les mots καθ' ἑαυτούς au commencement, parce que la copie de M. Dragatsis donne, après ἐνάτης, les deux traits obliques d'un x. Je ne les distingue pas sur mon estampage; mais peut-être sont-ils visibles sur la pierre.

La ligne 24 se rattache aussi à la comptabilité. Les deux copies des commissaires ét de l'antigrapheus servent à dresser le compte, λόγος, indiquant les sommes reçues et leur provenance, les dépenses avec tout le détail : parties prenantes, matières acquises, travail effectué, et la balance. Ce compte doit être présenté à la neuvième prytanie, πρὸ τῆς καταβολῆς, c'est-à-dire avant le troisième versement de la contribution des métèques.

Cette mention du compte à présenter et à examiner avant le versement de la neuvième prytanie donne la clef des cinq lignes suivantes et sert de guide pour la restitution. Avant d'examiner le détail des suppléments que j'ai proposés, il est nécessaire d'expliquer comment je comprendrais l'ensemble de cette partie (l. 19-28). Elle est tout entière relative à l'εἰσφορά des métèques. Ils s'acquittent en trois versements; le troisième paraît avoir été variable et n'avoir été fixé qu'après l'établissement du compte des dépenses. Celui-ci est rédigé sur les notes comparées des

---

[1] *Corpus inscr. attic.*, t. II, p. 516, 834 b, l. 12; cf. l. 43; t. IV, p. 202, l. 40. — Dans un décret du iii' siècle (t. II, 403) : ἐλέσθαι δὲ καὶ δημόσιον τὸν ἀντιγραψόμενον, l. 41, et, plus loin, δημόσιος κεχειροτόνηται Δημήτριος, l. 52. Cf. 889, l. 9. C'est d'un ἀντιγραφεύς de cette classe qu'il est parlé dans le discours contre Androtion : ἐπὶ μὲν ταῖς εἰσφοραῖς τὸν δημόσιον παρεῖναι προσέγραψεν (§ 70), — νῦν δ' ἐπὶ ταῖς εἰσφοραῖς ὁ δίκαιόν ἐσθ' ὁρίσας, μὴ σοὶ πισλεύειν ἀλλὰ τοῖς ἑαυτῆς δούλοις τὴν πόλιν (§ 71). — De même pour les trésoriers des armées en campagne. Κατασκευάσαντας δεῖ δύναμιν, καὶ τροφὴν ταύτῃ πορίσαντας καὶ ταμίας καὶ δημοσίους, καὶ ὅπως ἔνι τὴν τῶν χρημάτων φυλακὴν ἀκριβεσλάτην γενέσθαι οὕτω ποιήσαντας, τὸν μὲν τῶν χρημάτων λόγον παρὰ τούτων λαμβάνειν. Demosth. *de Cherson.*, 47.

commissaires et du contrôleur. L'examen en est fait dans le conseil des Cinq Cents; les prytanes doivent convoquer une séance pour le λογισμός (l. 27), et les proèdres, sous peine d'amende, sont astreints à mettre en délibération l'apurement des comptes (l. 28). Cette opération accomplie, il devient possible de fixer la somme que les métèques auront à payer pour que le troisième versement, joint aux deux précédents, atteigne la sixième partie de la dépense[1]. Afin que les métèques sachent ce qu'ils auront alors à verser (l. 25), on réunit dans la salle du conseil les trésoriers et les épimélètes de leurs symmories. La séance n'ayant lieu qu'un jour avant le versement (l. 27), le temps manquerait pour la répartition entre les contribuables. On avait recours à la προεισφορά, c'est-à-dire que les plus riches, probablement les trésoriers et les épimélètes, payaient la somme fixée et recouvraient ensuite leurs avances sur les autres membres de la symmorie.

L. 24. Si l'on admet l'explication générale, la restitution se justifie d'elle-même; le troisième versement est le complément des deux précédents.

L. 25. Après καταβάλλωσιν, le ν euphonique indique un mot commençant par une voyelle et la copie donne une partie de ο. Le substantif à restituer n'est pas douteux; il n'est question dans ce passage que des métèques. Pour qu'ils soient instruits de ce qu'ils auront à verser (εἰδότες), un seul moyen est pratique : introduire leurs représentants à la séance tenue avant le troisième versement.

L. 26. La partie conservée établit définitivement que l'organisation financière en symmories, instituée pour les citoyens sous l'archontat de Nausinicos (378-377), avait été étendue aux métèques. Le fait était connu par le seul témoignage de Pollux, qui citait un discours d'Hypéride : μετοικικῆς συμμορίας ταμίας[2]. Outre le trésorier, l'inscription nous fait connaître l'épimélète. Celui-ci correspond sans doute à l'ἡγεμών des symmories de citoyens, et il jouait le même rôle : répartir entre les membres du groupe, d'après la fortune de chacun, la contribution imposée en bloc à la symmorie.

L. 26-28. La mention des proèdres prouve qu'il s'agit d'une séance du conseil; le jour et le sujet de la délibération ne pouvaient être fixés que par les prytanes. Pour l'injonction de mettre l'affaire en délibération et l'emploi de l'amende, j'ai complété le texte d'après les lois citées dans le discours contre Timocratès (21) et le décret en faveur de Pisithidès[3].

L. 29-31. Élection de deux commissaires chargés de surveiller les

---

[1] Si nous avions un texte complet, le sens des mots τὸ ἕκτον μέρος serait fixé. Ce serait la sixième partie de la dépense. — [2] *Orat. attic.*, éd. Didot, t. II, p. 422, fr. 187. — [3] Voir p. 8, note 2.

travaux et recevant, sur les fonds des murailles, trois oboles par jour. Le nombre *deux* est certain, puisque le mot [ἐκ]ατέρωι est conservé (l. 31). Le mode de désignation ne l'est pas moins : d'abord l'expression οἱ ἡρημένοι, ensuite la mention ἐξ Ἀθηναίων ἁπάντων. Très fréquemment employée lorsqu'il s'agit d'élection, et non de tirage au sort, elle signifie que l'on ne tiendra pas compte de la division en tribus. La règle générale était que chaque tribu fût représentée dans les collèges de magistrats ou les commissions : les neuf archontes et le secrétaire des thesmothètes, les dix trésoriers de la déesse, les dix polètes, etc. Le nombre était-il moindre que dix, le même principe était appliqué. Pour la fête des Thargelia, les tribus, associées deux à deux, désignaient un chorège. Lorsqu'on dérogeait à cette règle, on ajoutait ἐξ Ἀθηναίων ἁπάντων, c'est-à-dire que l'élection se faisait sur l'ensemble de tous les citoyens et, ici, que les deux commissaires pourraient, à la rigueur, être choisis dans la même tribu.

Ils sont désignés dans la loi par une mention plus ou moins développée : οἱ ἡρημένοι ἐπὶ τὴν ἐπιμέλειαν τῶν τειχῶν (l. 23 et 42), οἱ ἡρημένοι ἐπὶ τὰ τείχη (l. 32), οἱ ἡρημένοι (l. 38). Pareilles commissions, élues pour surveiller l'exécution d'un travail ou d'un édifice public, étaient fréquentes à Athènes; au vᵉ siècle, on en créa pour la construction des Propylées, de l'Érechtheion, pour l'Athéna chryséléphantine, les Victoires en or, les πομπεῖα, etc.; au ivᵉ, nous avons une inscription des ἐπιστάται du temple de Zeus Soter au Pirée [1], un devis de ceux de l'Éleusinion [2]. Leur rôle était à la fois financier et technique : recevoir l'argent de l'État et payer toutes les sommes dépensées pour les travaux; veiller à ce que les entrepreneurs se conformassent strictement au cahier des charges; procéder à l'examen et à la réception des travaux terminés. Pour la partie technique, les commissaires étaient assistés d'un ingénieur. Avant la reprise des travaux de l'Érechtheion en 409, un état des parties achevées ou inachevées fut dressé par les trois épistates et l'ingénieur :

Ἐπιστάται τοῦ νεὼ τοῦ ἐν πόλει ἐν ὧι τὸ ἀρχαῖον ἄγαλμα — ἀρχιτέκτων — γραμματεύς — |τάδ]ε ἀνέγραψαν ἔργα τοῦ νεὼ κατὰ τὸ ψή[φισ]μα τοῦ δήμου ὁ Ἐπιγένης εἶπεν, ἐξειργασμένα καὶ ἡμίεργα [3].

Un ingénieur aida les épistates de l'Éleusinion à rédiger les clauses pour la fourniture d'un certain nombre de pierres [4]. L'entrepreneur qui avait eu

---

[1] *Corpus inscr. attic.*, t. II, 834. — [2] *Corpus inscr. attic.*, t. IV, p. 227. — [3] *Corpus inscr. attic.*, t. I, 322. — [4] *Corpus inscr. attic.*, t. IV, p. 227.

l'adjudication des scellements pour les colonnes du portique de Philon devait en faire la remise à l'un des commissaires, ou au contrôleur, ou a l'ingénieur : Ἀποσ]ήσει τῶι ἀεὶ σαρόντι τῶν ἐπισ]ατῶν ἢ τῶι δημοσίωι ἢ τῶι ἀρχιτέκτονι [1].

Tel est exactement le rôle assigné aux deux citoyens élus pour la surveillance des murailles : ils tenaient un compte détaillé des dépenses et le présentaient au conseil à une date fixée (l. 22-24), ils assistaient à la séance que les Cinq Cents tenaient à chaque prytanie pour délibérer sur les questions relatives aux fonds τειχοποιικά (l. 37). Il est donc probable qu'eux aussi devaient être assistés par un ingénieur.

L. 32. La loi attribue aux commissaires la présidence du tribunal. Il en était de même pour tous les épistates, suivant le témoignage formel d'Eschine : Οἱ δὲ τῶν ἔργων ἐπισ]άται σάντες ἡγεμονίᾳ χρῶνται δικασ]ηρίου [2]. Après ὅταν, j'ai restitué une mention générale, comprenant toutes les infractions des entrepreneurs aux devis. En lisant un des documents de ce genre, on se rendra compte de la minutie avec laquelle tout était prévu. Les contestations à soumettre à un tribunal présidé par les commissaires portaient surtout sur les malfaçons et la fourniture des matériaux. Les comptes, malheureusement trop mutilés, des épistates de Zeus Sôter en donnent une idée : on y voit, en plusieurs passages, le tribunal fixer le prix d'une pierre à remplacer [3]. Les questions relatives à la police des chantiers, aux difficultés entre les divers entrepreneurs, étaient soumises probablement à ce même tribunal. C'étaient des affaires pécuniaires.

L. 33. Une pénalité beaucoup plus grave était édictée; ce n'était plus une réparation en argent ou une amende, mais une peine afflictive. Elle était la même que dans un autre cas dont la mention a disparu; mais la restitution ne paraîtra pas douteuse, si on la rapproche d'autres décrets athéniens : τὸ δὲ ψ[ήφισμα τόδε, ἐπειδὴ] σερὶ σόρου χρημάτων ἐσ]ὶ σ]ρατιωτικῶ[ν, εἶναι ἅπαν εἰς Φυ]λακὴν τῆς χώρας [4]. Déjà, au IVe siècle, l'usage de déclarer que l'inexécution d'un décret entraînerait les mêmes conséquences que s'il s'agissait de la défense du pays, était assez fréquent pour qu'il suffît d'une brève formule pour être compris. A la fin du décret pour l'envoi d'une colonie à Hadria, envoi qui ne touchait que d'assez loin la sécurité du territoire, l'orateur faisait voter la déclaration ταῦτα δ' εἶναι ἅπαντα εἰς Φυλάκὴν τῆς χώρας [5]. Quelles en étaient les conséquences? nous l'ignorons; c'était sans doute de transformer les simples

[1] Corpus inscr. attic., t. IV, p. 236, l. 26-28. — [2] Æschin., III, 14; cf. 30. — [3] Corpus inscr. attic., t. II, 834. — [4] Corpus inscr. attic., t. II, 334, l. 27. — [5] Corpus inscr. attic., t. II, 809, l. 106.

infractions en crimes contre l'État, d'aggraver les peines et de simplifier
la procédure. Il en avait été de même pour l'*εἰσαγγελία*. D'abord réservée pour les crimes qui menaçaient la liberté ou la sécurité de la ville,
elle était devenue une forme d'accusation plus sûre pour l'accusateur,
plus dangereuse pour l'accusé. Hypéride a montré à quel point les
orateurs en abusaient; on l'employait pour les fautes les plus légères,
sous prétexte que, la république reposant sur les lois, violer celles-ci,
c'était la ruiner[1]. Je n'ai donc pas cherché un crime bien grave de
l'entrepreneur pour le cas désigné à la fin de la ligne 32. Abandonner
les travaux sans les achever pouvait, à la rigueur, sembler compro-
mettre par un retard la défense du territoire; c'en était assez, en un
temps où les orateurs faussaient par leurs exagérations tous les ressorts
de l'État, pour entraîner contre le délinquant une pénalité réservée,
dans l'origine, aux cas les plus graves.

L. 33-36. Les deux commissaires étaient institués spécialement pour
surveiller la construction des murs d'Étioneia et du Pirée. La loi ajouta
accessoirement à leurs attributions une certaine surveillance sur les
autres travaux prescrits par le décret pour la défense. Après les Longs
Murs, dont la mention est dans la partie conservée, la conjonction *καί*
annonce un autre travail. J'ai restitué les murailles de Munychie, où nous
savons que des améliorations furent apportées et qui ne figurent pas
dans le reste de la loi. Les commissaires furent chargés d'introduire
devant le tribunal toute action contre les entrepreneurs qui manque-
raient aux obligations énumérées dans le devis et contre les garants que
tout adjudicataire de travaux publics était tenu de constituer. Cette partie
judiciaire leur était spécialement réservée. Pour la surveillance de la
construction elle-même, ils opéraient en commun avec les *τειχοποιοί* et
leurs trésoriers[2]. Ceux-ci sont bien connus par les textes littéraires et
épigraphiques. Sur un décret du peuple, chacune des dix tribus avait
élu un *τειχοποιός* qui était chargé de veiller aux réparations ou additions
de la dixième partie des Longs Murs. Démosthènes fut celui de la Pandionis.
Le *τειχοποιός* recevait de l'État l'argent pour les travaux; parfois, comme

---

[1] Hyper. *pro Eaxen.*, 1-5.

[2] Ἐπὶ Χαιρώνδου ἄρχοντος, Θαργη-
λιῶνος μηνὸς δευτέρᾳ φθίνοντος, ἐκκλη-
σίας οὔσης ἔγραψε ψήφισμα Δημοσθένης
ἀγορὰν ποιῆσαι τῶν φυλῶν Σκιροφοριῶνος δευτέρᾳ ἰσταμένου καὶ τρίτῃ καὶ ἐπέταξεν ἐν τῷ ψηφίσματι ἑκάστῃ τῶν
φυλῶν ἐλέσθαι τοὺς ἐπιμελησομένους
τῶν ἔργων ἐπὶ τὰ τείχη καὶ ταμίας
(Æschin., III, 27). Il aurait été intéressant de savoir si la loi est antérieure ou
postérieure à l'élection des *τειχοποιοί*;
le dernier me semble plus probable, la
loi ne parlant pas de leur désignation,
mais les mentionnant comme existant
déjà.

le fit l'orateur, il suppléait, sur sa propre fortune, à l'insuffisance de la
somme allouée; il payait les entrepreneurs ou les matériaux directement
et présentait un compte détaillé de sa gestion, comme le prouvent les
inscriptions des années 395-392. Sur ce point, Eschine avait raison de
soutenir que Démosthènes était comptable et responsable envers la ville.
Mais sur un autre, la présente loi, si elle est bien, comme nous avons
essayé de le démontrer, de l'année 337, permet de saisir un sophisme
de l'accusateur. Démosthènes, disait-il, ne peut être couronné avant
d'avoir rendu ses comptes; il a exercé une charge qui lui donnait la présidence du tribunal. Or la loi astreint à la reddition des comptes τοὺς
ἐπισ1άτας τῶν δημοσίων ἔργων (ἐσ1ι δὲ ὁ Δημοσθένης τειχοποιός, ἐπισ1άτης
τοῦ μεγίσ1ου τῶν ἔργων) καὶ πάντας ὅσοι διαχειρίζουσί τι τῶν τῆς πόλεως
πλέον ἢ τριάκονθ' ἡμέρας καὶ ὅσοι λαμβάνουσιν ἡγεμονίας δικασ1ηρίων (οἱ δὲ
τῶν ἔργων ἐπισ1άται πάντες ἡγεμονίᾳ χρῶνται δικασ1ηρίου)[1]. Le sophisme
consiste à prendre d'abord le mot ἐπισ1άτης dans le sens que lui donne
la loi, commissaire élu pour surveiller les travaux et investi d'attributions
bien définies, à la fois financières et judiciaires, et ensuite dans le sens
général et usuel de surveillant d'un travail. En fait, nous voyons que
les τειχοποιοί de 337 ne furent pas des ἐπισ1άται, que le peuple élut
deux commissaires spéciaux et les investit de la présidence du tribunal.
Eschine pouvait espérer que, plusieurs années après les faits, les juges
n'auraient pas gardé le souvenir de cette disposition de la loi, qui paraît
avoir été exceptionnelle [2].

L. 36-38. Chaque prytanie, une séance sera convoquée par les prytanes pour les questions relatives aux fonds τειχοποιικά. Aristote a
marqué quelle place tenait dans les occupations du conseil la surveillance
des travaux publics et des finances [3]. On trouvera naturelle la présence
à cette séance des épistates et des τειχοποιοί. A quel titre y figurent les
trésoriers d'Athéna, sinon parce qu'ils reçoivent l'εἰσφορά qui fournit
les fonds nécessaires aux travaux? C'est pour cette raison que j'ai restitué
leur nom à la ligne 31, où étaient désignés ceux qui payaient aux épistates le salaire journalier de trois oboles.

---

[1] Æschin., III, 14; cf. 29 : ὅσοι τι δια-
χειρίζουσι τῶν τῆς πόλεως ὑπὲρ τριά-
κοντα ἡμέρας καὶ οἱ τῶν δημοσίων ἔργων
ἐπισ1άται... καὶ εἴ τινες ἄλλοι αἱρετοὶ
ἡγεμονίας δικασ1ηρίων λαμβάνουσι.

[2] Æschin., III, 27, affirme que
Démosthènes δικασ1ηρίων ἡγεμονίας
ἐλάμβανε, mais il appuie son assertion
sur une démonstration générale tirée de
la définition des ἀρχαί. Qu'en général,
les τειχοποιοί aient eu la présidence du
tribunal, c'est possible, mais cette fois
la loi l'avait attribuée aux deux commissaires.

[3] Aristote, Πολιτ., 46 et 47.

L. 38-40. Promesse au conseil, dans un cas donné, de 500 drachmes prises sur les τειχοποιικά. Elles doivent être employées εἰς ἀνάθημα, c'est-à-dire que le conseil, avec cette somme, consacrera aux dieux une offrande, sur laquelle il fera graver son nom. Une récompense analogue fut accordée en 328 aux citoyens athéniens chargés de la surveillance de la fête des Amphiaraia : δοῦναι δὲ αὐτοῖς καὶ εἰς θυσίαν καὶ εἰς ἀνά-θημα Η δραχμάς[1]. A la même occasion et sur les mêmes fonds sera prélevée une somme pour d'autres personnages. Une partie de la restitution n'est pas douteuse : elle est destinée aux deux commissaires élus pour prendre soin de la construction des murailles; ce sont eux qui ont, avec le conseil, le rôle le plus actif dans cette affaire. Quant au nombre de drachmes qu'ils recevront et à l'emploi qu'ils en devront faire, j'ai supposé, d'après l'étendue de la lacune, cent drachmes pour offrir en leur propre nom un sacrifice.

A la fin de la ligne 38 était indiqué le cas dans lequel les uns et les autres auraient droit à cet honneur. C'était l'usage de stimuler le zèle des corps publics en leur promettant une récompense collective, lorsqu'ils auraient accompli une tâche que le peuple leur confiait. De nombreuses inscriptions en ont conservé le souvenir. Telle est, par exemple, la dédicace du conseil couronné par le peuple pour avoir assuré, par ses règlements, le bon ordre dans le théâtre de Dionysos[2]. Le décret pour l'envoi d'une colonie à Hadria assure au conseil et aux prytanes en charge en ce moment une couronne d'or de mille drachmes, si l'escadre est prête à partir dans le délai fixé : Εἶναι δὲ τῆι βουλεῖ καὶ τοῖς πρυτά-νεσιν ἐπιμεληθεῖσιν τοῦ ἀποσ1όλου σ1εφανωθῆναι ὑπὸ τοῦ δήμου χρυσῶι σ1εφάνωι ἀπὸ Χ δραχμῶν[3]. Ici c'est à l'achèvement des travaux que le conseil et les commissaires recevront leur récompense. Est-ce une fois pour toutes? dans ce cas, on aurait employé l'infinitif aoriste δοῦναι; c'est une nuance toujours observée dans les inscriptions attiques. Puisque l'infinitif est au présent, διδόναι, il est certain que la somme sera donnée plusieurs fois, c'est-à-dire après la réception de chacun des travaux énumérés dans la loi.

L. 40-44. Aucune difficulté pour ce paragraphe. Même procédure que pour les devis dont il a été question aux lignes 6-12. Ils seront soumis au conseil afin qu'il choisisse celui qui servira pour l'adjudication. La loi invite à présenter un plan non seulement les architectes payés par la ville, mais encore celui des citoyens qui le voudra. C'était peut-être

---

[1] *Corpus inscr. Græc. septent.*, 4254. — [2] *Corpus inscr. attic.*, t. II, 114. — [3] *Corpus inscr. attic.*, t. II, 809, l. 95.

parce que la fermeture des ports soulevait des questions techniques que
l'on n'abordait pas dans les travaux ordinaires et qu'il parut bon de faire
appel à l'initiative de tous les hommes compétents.

Au commencement de la guerre du Péloponnèse, le Pirée n'était ni
gardé ni fermé du côté de la mer[1]; une surprise de la flotte péloponné-
sienne, qui faillit réussir, montra aux Athéniens la nécessité de veiller
avec plus de soin à la garde de leurs ports et de les fermer. Nous ignorons s'il y eut alors des constructions permanentes ou des précautions
temporaires. Il semble que le travail définitif ne fut entrepris qu'à la suite
de la loi de 337. Les restes, que les ingénieurs modernes ont encore pu
étudier, font honneur à l'habileté et à la science des ingénieurs athéniens[2]. L'ouverture du grand port était de 310 mètres; elle fut réduite
à 50 mètres par deux môles à la tête desquels s'élevaient de fortes tours:
on a supposé avec vraisemblance que des chaînes de fer pouvaient être
tendues de l'une à l'autre, en cas de nécessité. Le bassin de Zéa com-
munique avec la mer par un canal de 100 mètres de large; il fut bordé
des deux côtés d'une muraille en pierres de taille, avec tours, et rétréci,
à l'extrémité, par deux môles. Munychie ne présentait qu'une baie ou-
verte; deux digues fortifiées de 170 et 190 mètres la transformèrent en
un port fermé, avec une passe de 37 mètres. Ces ouvrages sont appelés
κλεῖθρα dans les auteurs et les inscriptions.

L. 44. Le début est fort clair. Les fonds pour la fermeture des ports
devaient être pris sur les τειχοποιικά. Mais, comme ce travail ne rentrait
pas dans celui des murailles, il fallut une disposition spéciale de la loi
pour légitimer cet emploi. Le supplément de la lacune est plus embar-
rassant. Après la restitution nécessaire des deux mots dont la fin ou le
commencement subsiste, il ne reste qu'un vide de seize lettres; ce n'est
pas assez pour une proposition principale, et le participe [κεχει]ροτονη-
μένων indique plutôt un génitif absolu. On énonçait donc une disposition
secondaire se rattachant à la dépense à faire. D'après la partie conservée,
je pense que l'on désignait ceux qui devaient recevoir l'argent pour le dis-
tribuer aux entrepreneurs. Comme il est dit que ces magistrats étaient
élus, je n'hésite pas à y voir les deux commissaires dont la loi ordonnait
l'élection (l. 28-31) et que le paragraphe précédent avait chargés par
surcroît de veiller à la clôture des ports. Quant au mot qui les désignait,

[1] Ἦν δὲ ἀφύλακτος καὶ ἀκλῃστος.
Thucyd., II, 93. — Μετὰ τοῦτο φυλακὴν
ἅμα τοῦ Πειραιῶς μᾶλλον τὸ λοιπὸν
ἐποιοῦντο λιμένων τε κλῄσει καὶ τῇ
ἄλλῃ ἐπιμελείᾳ. 94.

[2] Curtius et Kaupert, *Karten von
Attika*, fasc. 1, plan du Pirée, où sont
marqués les restes des travaux anciens,
et le texte explicatif, p. 11-14. — Cf.
Wachsmuth, *Die Stadt Athen*, II, p. 39-42.

j'aurais préféré *ἐπιστατῶν*, terme employé le plus souvent pour ce genre
de fonctions; mais on aurait une lettre en moins, et le titre *ἐπιμελητῶν*
a un sens équivalent.

L. 46. Comme on le voit souvent à la fin des décrets qui ordonnent
l'élection d'ambassadeurs ou d'autres personnages pour exécuter les ré-
solutions votées par l'assemblée, on a ajouté à la loi les noms des commissaires élus. Il est dit formellement qu'il n'y en aura que deux (l. 31),
et cependant nous trouvons les restes de trois noms. Le troisième était,
je pense, celui de l'ingénieur dont l'assistance était nécessaire aux commissaires pour la partie technique de leur tâche. Celui-ci étant également
élu par l'assemblée du peuple [1], il est naturel que son nom ait été placé
à côté des deux autres. Tous trois furent probablement choisis dans la
même assemblée.

Ici finit le texte de la loi; les colonnes gravées au-dessous contiennent
une partie du devis qui fut adopté par le conseil pour les travaux de
Munychie.

Il serait intéressant de déterminer exactement les pouvoirs des nomothètes dans la confection des lois financières. Pour cela, il faudrait
avoir le décret qui prescrivait de les réunir et fixait l'objet de leurs dé-
libérations. Nous en avons du moins le résumé dans les considérants.
L'assemblée du peuple leur prescrivait d'arrêter les mesures nécessaires
pour l'exécution d'un certain nombre de travaux de défense, énumérés
un à un et dont la nature était indiquée. La loi, rédigée par un orateur
et votée par les nomothètes, répond à ces indications. Sans avoir la précision et l'ordre des lois romaines, tous les points sont réglés d'une
manière suffisante. D'abord la rédaction des devis et l'adjudication des
travaux. — Puis, création d'un fonds affecté à ces dépenses, mode de
comptabilité. — Institution de deux commissaires chargés de la surveillance des travaux, leur rôle et leurs pouvoirs. — Mêmes mesures
pour d'autres travaux de moindre importance, mais se rattachant, comme
les premiers, à la défense du territoire. Sans sortir de leurs attributions,
les nomothètes se trouvaient amenés à donner des ordres à divers magistrats et corps de l'État; ils le firent en suivant les traditions de la
République. Au conseil des Cinq Cents, l'examen et le choix entre les
devis présentés, le contrôle des dépenses dans des séances tenues régulièrement à chaque prytanie. Les pouvoirs financiers ou juridiques des

[1] [Τὸν ἀρχιτέκτ]ονα τὸν κεχειρο[τ]ονημένο[ν] ὑπ[ὸ τοῦ] δ[ήμου]. *Corpus inscr.
attic.*, t. II, 167, l. 6.

commissaires sont ceux qui étaient conférés d'ordinaire aux épistates des travaux publics. L'intervention des prytanes, des polètes, des trésoriers de la déesse rentre également dans le rôle qui leur était assigné.

Pour la question financière, je crois que, dans la pratique, l'assemblée fixait la somme à dépenser et que les nomothètes avaient seulement à trouver les ressources pour y pourvoir. Peut-être le législateur auquel est due cette institution avait-il eu l'idée de leur donner un pouvoir plus étendu et s'était-il flatté d'opposer une digue aux entraînements du peuple. Mais l'assemblée, à la voix de ses orateurs, s'était rendue maîtresse de tout et ne souffrait plus qu'un obstacle fût mis à ses volontés. Ce qui en restait, et c'était encore quelque chose, c'était, après la discussion devant le conseil des Cinq Cents et l'assemblée du peuple, un nouvel examen, plus calme, plus approfondi, des mesures à prendre pour subvenir aux dépenses jugées nécessaires pour la cité.

P. FOUCART.

Imprimerie nationale. — Juin 1902.